아름다운 후회

오상두 시와 산문집

아름다운 후회

도서출판 두엄

차례

2장 아름다운 후회

3장 사랑하기 딱 좋은 나이

4장 나는 바다가 그립다

작가의 말

지나온 일상들을 글로서 적어봤습니다.

국문학을 전공한 것도 아니고 또한 훌륭한 수필가나 멋진 시인들과 같은 아름다운 글을 쓸 수도 없었습니다.

평생을 건설업에 종사하면서 책과 가까이할 만큼 정서를 누리지도 못 했습니다.

다만 고희까지 살아온 나의 과거를 솔직하게 쓸려고 노력했으며 시와 수필의 흉내를 냈을 뿐입니다.

뒤돌아보니 자랑하며 내세울 것이 하나도 없고 평범한 삶이었지만, 받은 것이 많고 가진 것도 너무 많았습니다.

이 모든 것이 하나님의 은혜가 항상 함께 하고 계셨기 때문에 잘 살아왔음을 깨달았습니다.

또한 어머니의 가르침이 나의 삶을 은은히 지배하여 왔고 부모님의 기도와 사랑을 먹고 잘 살아왔음도 알게 되었습니다.

졸필로서 그 은혜와 사랑을 어찌 다 표현하겠습니까만, 저 모퉁이 한구석에라도 공감하는 글이 나와서 잠시 잠깐이지만 당신이 행복해졌으면 좋겠습니다.

이른 봄에 피는 화려한 꽃들의 향기도 좋지만 늦은 가을 한적한 곳에서 피는 들국화의 향기도 참 좋습니다.

나의 글이 들국화 향기가 되어서 저 멀리까지는 가지 못하지만 지나가는 한 사람에게라도 은은하게 날려가 붉게 물든 가을의 멋을 알리고 싶습니다.

한 권의 책으로 펴내는데 도움을 주셨던 분들과 나의 글을 보면서 같이 웃고 때로는 함께 눈물을 흘렸던 아내에게 사랑과 고마움을 전합니다.

2015년 가을에

오 상 두

1장

유년의 뜰

내 생일 하지 마라

어린 시절 우리는 가족 중에서 누구라도 생일이 되는 날에는 닭을 잡았습니다.

생일 축하는 물론해주지만 그 당시에는 유일하게 고기를 먹을 수 있는 기회이기도 해서 가족들의 생일을 많이 기다립니다.

마당에 뛰어놀던 닭 중에 한 놈을 지정해놓고 잡으려면 온 동네가 시끄러워지지만 자꾸 쫓아다니면 결국 그놈을 잡고야 맙니다.

이웃에 닭 잡는 소리가 나면 오늘 누구 생일이냐고 묻기도 합니다.

가을 추수를 끝낸 늦가을이 나의 생일입니다.

그날도 아버지께서는 닭을 한 마리 잡았습니다.

가마솥에다가 물을 끓인 후 그 뜨거운 물에 닭을 넣었다가 잠시 후에 건져서 털을 뽑고, 내장을 꺼낸 다음 살코기는 발라내어 따로 모으고, 살이 조금 붙은 뼈는 망치로 자근자근 두들겨서 죽같이 부드럽게 만듭니다.

잔뼈는 두드리기가 좋으나 굵은 뼈를 두들기다 보면 파편이 사방으로 튀다가 문풍지에까지 날아가 붙기도 하였습니다.

그렇게 손질을 마치고 나면 가마솥에 파를 한 아름 넣고, 시래기도 넣고, 양념도 많이 넣고, 뼈와 살을 찧었던 것도 넣고, 살코기는 모기장에 싸서 따로 넣어서 국을 끓이는데 커다란 가마솥이 가득 합니다.

땔감이 많지 않아서 짚으로 불을 지피는데 연기가 많이 납니다.

닭똥집을 짚불에 구울 때는 한쪽이 시꺼멓게 타기도 했지만 툭 툭 털고 소금에 찍어 먹으면 정말 맛이 좋았습니다.

불을 지피다가 얼굴에 재가 시커멓게 묻어도 좋고, 연기를 마셔서 눈물이 나는데도 나는 생일이라고 마냥 즐겁기만 합니다.

"목사님! 우리 아이 생일인데 기도 좀 해 주이소."

"이 장로님! 옆집에 김 집사님하고 우리 집에 식사하러 오이소"

어머니께서는 앞집에 혼자 살고 있는 박 노인도 오시라고 했고, 심지어 뒷집에 사는 마산 댁도 불러 오면 내 생일은 마치 온 동네잔치와 같습니다.

식사 시간이 되었습니다.

목사님 먼저 드리고, 장로님 드리고, 아버지 드리고, 김 집사님도 드리고……

생일인 나한테 돌아오는 것은 뼛조각 조금하고 국물이 전부입니다.

억지로 참고 먹으려 해도 도저히 먹을 수가 없습니다.

내 생일이라고 시작해놓고 나한테는 살코기 한 점 주지 않는 어머니가 못 마땅했고 정말 미웠습니다.

올해만 그랬다면 몰라도 작년에도 똑같았습니다.

나는 학교에서 가져온 백묵으로 우리 집 담 벽에 커다랗게 썼습니다.

‘내 생일 하지 마라’

‘나를 아들이라 카지 마라’

아무리 벽에 적어도 속이 풀리지 않았습니다.

작대기를 들고 닭 잡는 시늉을 하면서 온 마당을 뛰어다니기도 하였습니다.

이런 나를 어머니께서 부르셨습니다.

혼내주시던지 아니면 종아리를 때리려고 그러시는구나 하고 생각하면서 어머니 앞으로 다가갔습니다.

그러자 어머니께선 인자하신 미소를 지으시고는 키가 작은 나의 두 손을 꼭 잡고 키 높이를 맞추려고 꿇어앉으시면서 하나님께 기도드리자고 하십니다.

유아 때부터 신앙교육을 받았으므로 아무리 속이 상해도 기도를 거부할 수는 없었습니다.

“하나님 아버지!

지금 사랑하는 아들이 몹시 화가 나 있습니다.

위로하여 주시옵소서.

지금은 어려서 잘 알지 못하지만 장성한 사람이 되었을 때에는, 하나님의 사랑을 깨닫고 남을 위하여 좋은 일 많이 하며, 또 가난한 사람들에게 도움을 줄 수 있는 훌륭한 사람으로 키워 주시옵소서.

요셉과 같이 정직하고 솔로몬과 같은 지혜를 가진…아멘"

어머니의 기도는 끝이 났지만 나는 자꾸만 눈물이 납니다.

어머니 기도에 감동받은 것이 아니라 속이 점점 더 상해서 눈물이 납니다.

–살코기도 한 점 안 줘놓고 기도만 하면 다 되나 뭐–

………………

어머님! 보고 싶습니다.

살코기 안 줘도 좋구요, 국물만 줘도 좋습니다.

그냥 그렇게 기도해 주신 것만으로도 너무나 충분합니다.

지금 어머니가 계시기만 한다면 닭 아니라 소라도 한 마리 잡아서 온 동네 사람들 전부다 불러도 될 텐데요.

이러한 마음이 들기까지 너무 많은 세월을 흘려보냈습니다.

어머님이 계신 하늘나라, 그곳 어디쯤에선가 지금 보고 계시겠지요?

어머님 말씀 안 듣고 말썽 피우던 그 아들이 환갑을 훨씬 지나 고희가 되었습니다.

그뿐만 아니라 어머님께서 그때 하셨던 그 기도 말씀대로 살아오지도 못 했습니다.

이웃을 위해 좋은 일도 하지 못했고요,

가난한 사람들 도우지도 못 했습니다.

조금만 더 있다가 좋은 일하지 뭐,

돈을 조금 더 벌어서 그때 가난한 사람들 도우지 뭐.

이런 핑계 저런 핑계 다 하다가 세월만 훌쩍 보내고 말았답니다.

얼마 있으면 어머님 계신 곳에 나도 갈 텐데요.

거기서 만나자마자 꾸지람부터 하시겠죠?

–이번 생일에는 어머니가 왜 이렇게 더 보고 싶은지!–

봄비

잠자는 풀뿌리 기지개 켜게 하고
꽃망울 맺은 가지도 촉촉이 적셔주는
봄비

풀잎이 나오면 풀잎에 앉아도 보고
꽃이 피면 꽃잎에 영롱한 진주가 되는
봄비

화단에도 들녘에도 희망을 뿌려주고
우리들 마음 밭에도 소망과 사랑으로 가득 채우는
봄비

예은이 우산 위에 앉아 학교도 가보고

승연이 눈썹 위에 매달려 얼굴도 간지려 보는

그런 봄비이고 싶다

유년의 뜰

어린 시절에 우리 어머니께서는 텃밭에서 나오는 배추나 정구지로 찌짐을 구워주셨다.

그때에 어머니의 찌짐은 이렇게 굽는다.

흙벽돌 두 개를 놓고 그 위에 가마솥뚜껑을 뒤집어 놓는다.

호박 꼭지로 기름을 골고루 바른 후 정구지나 배추로 찌짐을 붙이는데 한 장씩 굽는 것이 아니라 여러 장을 한꺼번에 굽는다.

땔감으로는 타작을 하고 난 보릿단을 사용할 때가 많다.

불이 탈 때에 타고난 재를 부지깽이로 살살 떨어내야 계속적으로 고르게 불을 지속시킬 수 있다.

어머니께선 일곱 살인 나에게 불 때는 것을 시켰는데, 부지깽이로 재를 잘 떨어낼 때도 있지만 어떤 때에는 후딱 흔들어서 불티가 날기도 했다.

그냥 불만 때는 것이 아니다.

어머니께서는 나에게 찬송가를 가르쳐 주셨다.

'내 주를 가까이하게 함은' 이라는 찬송인데 4절까지 가르쳐 주신다.

곡이 쉬워서 따라 부르기가 참 좋다.

불을 지피다가 신이 나면 부지깽이로 장단을 맞추면서 찬송한다.

'꿈에도 소원이 늘 찬송하면서 주께 더 나가기 원합니다'

부지깽이로 장단 맞추다 보면 불티가 날아서 찌짐 굽는데 들어가기도 했지만 그래도 조그마한 아들이 찬송 배우는 것이 좋으신가 보다.

어머니께선 찌짐을 구우면서 날아들어간 불티도 주워내지만 자세히 보면 밀가루 벌레도 주섬주섬 주워 내신다.

그때는 밀가루에 벌레가 왜 그리도 많았던지.

대구에 유학 간 큰형이 온다는 기별이라도 왔을 때는 하루 전부터 시작해서 찌짐을 굽기도 했다.

주일날은 교회에 점심을 싸가지고 가서 교인들과 나눠서 먹었다.

광주리에 밥을 수북이 담고 된장과 상추쌈을 가지고 가면 온 교인들이 둘러앉아 먹는다.

어떤 때는 전날 굽은 찌짐을 가져가 나눠 먹기도 했는데 그때는 가난한 사람들이 많았고 보릿고개 근처에는 먹을 것이 없어서 굶는 경우가 허다했다.

어머니 손잡고 교회에 가면 마치 소풍이라도 온 것 같이 뛰어노는 게 좋아서 기다려지기도 했다.

식사시간 때면 나에게 노래를 시킨다.

나는 앞에 나가서 부지깽이 두드리며 했던 찬송을 4절까지 부른다.

하다가 생각이 안 나서 한참 머뭇거릴 때도 있었는데 그래도 잘한다고 손뼉을 쳐 주었다.

어린 아들이 앞에 나가서 노래하는 것이 자랑스럽다면서

제일 좋아하시는 분은 어머니시다.

얼마나 자랑을 많이 했던지 소문이 나서 이웃 교회에까지 가서 노래를 부를 때도 있었다.

실수를 해도 좋고, 끝까지 잘 부르면 더욱 좋다면서 어머니께선 항상 기뻐하셨다.

'내 주를 가까이하게 함은 (Nearer My God To Thee)' 이 찬송은 침몰하는 타이타닉호 속에서 마지막으로 연주했던 것으로도 유명하다.

배가 침몰하는 현장은 아수라장으로 변해가는 곳이지만 바이올린으로 끝까지 침착하게 연주를 했던 7명의 악단들을 영웅이라고 칭하는 사람도 있다.

어쩌면 이들도 어머니로부터 이 찬송을 배웠기에 죽음이 바로 눈앞인데도 끝까지 연주했을지도 모른다.

요즘에는 불을 때지 않아 부지깽이를 찾아볼 수가 없다.

그러나 시장이라도 지나면서 찌짐 굽는 모습을 보면, 그때 어머님과 같이 찌짐 굽던 생각이 나고, 부지깽이 흔들면서 불렀던 그 찬송은 오늘날까지도 가사 하나 틀리지 않고 끝까지 부를 수 있다.

색소폰으로 연주를 해봤다.

그때 어머니가 생각나서 눈물이 핑 돌기도 한다.

고희가 지난 오늘은 부지깽이 대신 젓가락을 두들기면서 큰소리로 끝까지 한번 불러 봐야겠다.

1. 내 주를 가까이하게 함은 십자가 짐 같은 고생이나
   내 일생 소원은 늘 찬송하면서 주께 더 나가기 원합니다
2. 내 고생하는 것 옛 야곱이 돌베개 베고 잠 같습니다
   꿈에도 소원이 늘 찬송하면서 주께 더 나가기 원합니다
3. 천당에 가는 길 험하여도 생명 길 되나니 은혜로다
   천사 날 부르니 늘 찬송하면서 주께 더 나가기 원합니다
4. 야곱이 잠 깨어 일어난 후 돌단을 쌓은 것 본받아서
   숨질 때 되도록 늘 찬송하면서 주께 더 나가기 원합니다

어머니의
노래

어린 나에게 가르쳐 주신 찬송가
"내 주를 가까이하게 함은"
부지깽이를 두드리면서 목청 높여 부르면

아궁이에 타오르던 장작 불빛에
발갛게 상기된 얼굴로 포근하시던 어머니 그 모습
그 따스함이 장작 불씨로 남아
오래오래 타오를 줄 알았습니다

그러나 어머니!
저도 모르는 사이

고희가 되어버린 아들이
어머니의 그때 사랑을 그리워합니다

행여나 잘못될까
평생 자녀를 위해 기도로 새벽을 맞이하시고
투정 부리는 철없는 나에게
두 손 꼭 잡아주며
등을 쓰다듬어 주시던 그 손길이
제 가슴에 아픈 강으로 흐릅니다

철없이 내뱉던 말들을
일일이 대답해 주시며
사랑으로 인도해 주시던 어머니!

고희를 맞은 아들이
'내 주를 가까이하게 함은'
배운 그대로 불러 드리겠습니다

메기의 추억

사람들은 마음이 즐거우면 흥이 나고 소리가 발해진다. 그래서 노래와 악기로 표현하여 리듬의 변화를 거쳐 여러 장르의 음악이 생겨난다.

프리드리히 니체는 "음악이 없다면 인생은 잘못된 것이다."라고 했고, 사무엘 존슨은 "모든 소리 중에 음악이 가장 유쾌하다."라고 말한 것처럼 사람은 음악과 더불어 살아간다 해도 과언이 아니다.

나도 한때는 성악가를 꿈꾸기도 했었지만 현실적 벽에 가로막혀 다른 길로 가게 되었다.

하지만 듣기를 즐겨하고 혼자 불러보기도 하지만, 많은

사람들과 어울려서 노래를 하고 싶을 때도 있었다.

그러다가 우연하게 평생 대학 가곡교실에 등록을 하게 되었다.

때늦은 나이에 다시 음악 수업을 받게 되니 새삼 옛날 음악시간이 돌아온 듯하여 들뜨기도 한다.

첫 시간에 '즐거운 나의 집(Home Sweet Home)'을 같이 불렀다.

어릴 때 많이 불렀던 곡이지만 새삼 불러보니 추억에 빠져들기도 한다.

이 노래에는 얽힌 사연들이 너무나도 많다.

미국인들 거의가 이 노래를 좋아했으며 특히 링컨 대통령이 즐겨 불렀다고 한다.

남북전쟁을 할 때였다.

강을 사이에 두고 낮에는 치열하게 전투를 하고 저녁에는 어떤 한쪽에서 이 노래를 부르기 시작하면 반대쪽에서도 따라 부르기 시작했다는 것이다.

'즐거운 곳에서는 날 오라 하여도 내 쉴 곳은 작은 내 집뿐이리'

전쟁을 멈춘 저녁시간에는 양쪽 모두 이 노래를 합창하면서 강물에 뛰어들어 목욕을 하기도 하고 한데 엉켜서 고향과 가족 이야기를 나눈 것이 남북전쟁을 끝내는데 결정적인 계기가 되었다고 하니 '즐거운 나의 집' 노래가 얼마나 영향력이 큰지 알 수가 있다.

가곡교실에서는 한 달에 한 번씩 회원들 간 친목을 위해 같이 점심 식사를 했다.

식사가 끝나면 그냥 헤어지는 게 아니라 전부 합창을 하고 헤어지는데, 끝맺음 노래는 항상 '메기의 추억' 이다.

식사 장소는 우리 동네의 조금 넓은 식당을 이용하는데 평소 안면이 있는 사람들이 자주 드나드는 곳이다.

식사를 끝내고 이 노래를 부르면 전부가 쳐다본다.

식당에서 우리들끼리 있을 때에만 이 노래를 하면 얼마나 좋을까.

조금 창피한 생각이 들기도 했지만 지도교수는 아랑곳없이 꼭 '메기의 추억' 을 노래하고 끝을 낸다.

'메기의 추억(When You And I Were Young Maggie)' 은

철학교수인 '조지 존슨'과 그의 제자 '메기'가 사랑을 하다가 결혼을 하게 된다.

꿈같은 결혼생활이 일 년도 되지 않은 때였다.

너무나 사랑한 두 사람에게 불운이 찾아왔는데 제자 '메기'가 폐결핵으로 세상을 떠나게 된 것이다.

아내를 잃은 슬픔에서 벗어나기 위해 그와 사랑을 나눈 곳을 떠나 캐나다의 토론토에 와서 이 시를 쓰게 되고 그의 친구인 '버더필드'가 곡을 붙여 탄생한 노래가 바로 이 노래인 것이다.

옛날에 금잔디 동산에 메기같이 앉아서 놀던 곳/ 물레방아 소리 들린다 메기야 내 희미한 옛 생각/ 동산 수풀은 우거지고 장미화는 피어 만발하였다/ 물레방아소리 그쳤다 메기 내 사랑하는 메기야

겨울이 지나고 봄이 오는 소리가 사방에 들려오던 어느 날, 우리를 지도하던 교수는 췌장암에 걸려서 3개월을 넘기지 못한다고 한다.

착실한 천주교 신자인 그는 슬퍼하거나 절망감 없이 온화한 얼굴로 자기를 위해서 기도해 달라고도 했다.

잠자리에 들었을 때 아프지 않고 편안히 잘 수 있는 순간이 얼마나 소중한지 새삼 느껴진다고도 말한다.

하지만 죽음조차 하나님의 뜻으로 겸허하게 받아들이는 교수님의 아름다운 모습은 그리 오래가지 않았다.

그와 함께 식사하던 마지막 날은 조용하게 식사만 했을 뿐 어떤 위로의 말을 할 수가 없었다.

식사가 끝나고 주섬주섬 일어서려 하는데 그가 마지막으로 '메기의 추억' 을 부르고 헤어지자고 한다.

처음에는 평소 하던 대로같이 노래를 불렀으나 점점 소리가 줄어가더니만 마침내 여기저기서 훌쩍거리기 시작했고 노래를 끝까지 부른 사람은 아무도 없었다.

지도 교수도 노래를 부르다가 중간쯤에 손수건으로 눈물을 닦았고 그 모습을 마지막으로 다시는 그를 볼 수가 없었다.

계절이 바뀌면 또 다른 계절이 오듯 그가 떠나고 없는 자리에 새로운 교수가 오게 되었고 그와 함께 늦은 봄에는 '또 한 송이 모란' 을 불렀고 여름이 지나고 가을이 되면 '아 가을인가' 를 불렀다.

단체에서 몇 번의 식사를 했지만 '메기의 추억' 을 부르진 않았다.

'조지 존슨' 이 '메기' 를 잃은 슬픔에 시를 쓰듯 나도 글을 쓰면서 그때를 그리워한다.

동네 사람들이 보고 있어도 좋고 흉을 봐도 좋다.

그때로 돌아가 목청 높여 그 노래를 다시 불러보고 싶어진다.

어버이날에

오늘이 어버이날이다.

어버이날은 미국의 한 소녀가 세상을 떠난 어머니의 추도식 때 자기 어머니에 대한 감사의 뜻을 표시하기 위해 모인 사람들에게 카네이션을 달아준 것에서 시작되어 1913년 5월의 두 번째 일요일을 어머니 날로 정한 것이 시초인데, 1956년부터 (어머니날)로 행사를 해오다가 (아버지의 날)이 거론되자, 1973년부터 어버이 날로 정하고 부모님의 은혜와 사랑을 생각하면서 기념하는 날로 정한 것이다.

부모님께서 나를 낳아주시고 길러주신 은혜가 너무나도 감사하다는 말을 해 왔지만 실제로 그것을 깨닫는 데는 나의 자식이 태어나고 기르는 과정을 통해서 완전히 알게 된다.

부모님의 사랑을 깨닫고 잘해드려야겠다는 생각을 가지지만 이런저런 바쁜 일상생활에 쫓기다보면 잊어버릴 때가 너무 많은 것이 현실이다.

바쁜 일상생활을 멈추고 잠시라도 부모님의 은혜와 사랑을 생각하여 보자.

성경의 십계명 중 네 가지의 명령은 신에 대하여 '이렇게 하라' 라고 말씀하셨고 나머지 여섯 가지는 인간에 대하여 명령하셨는데, 그 첫 번째 명령으로 '부모를 공경하라' 고 되어있다.

'네 아버지와 어머니를 공경하라 이것은 약속이 있는 첫 계명이니 이로써 네가 잘되고 땅에서 장수하리라' (에베소서 6장2절)

부모님을 잘 공경하면 이 땅 위에 살 동안에 잘 되는 복을 주시고 또한 오래도록 살 수 있는 복을 주신다고 약속하신 것이다.

자식들은 무조건으로 부모를 공경해야 복을 받는다는 말이며 부모들은 무엇을 돌려받기 위해서가 아니라 오로지 자식 잘 되기를 바라면서 무조건 사랑을 베푸는 것이다.
송강 정철이 쓴 '훈민가' 중에는 이런 글이 나온다.

어버이 살아 실제 섬기기를 다하여라./ 지나간 후면 애닯다 어이하리./ 일평생 고쳐 못할 일이 이뿐인가 하노라.

동서양은 물론이고 고대나 현대나 부모의 사랑은 끝이 없고 자식들도 부모님 은혜에 조금이라도 보답하려고 노력하고 있는 것이다.

잭 캔필드가 쓴 '마음을 열어주는 101가지' 에 이런 이야기가 나온다.

어린 아들이 부엌에 있는 엄마에게 오더니 청구서를 내밀면서 돈을 달라고 한다.
엄마는 앞치마에 손을 닦은 다음 그것을 읽었다.
아들이 내민 종이에는 이렇게 적혀있었다.

잔디 깎은 것 5달러.
이번 주 내방 청소한 것 1달러.

가게에 엄마 심부름 값 50센트.

엄마가 시장 간 사이 동생 봐준 것 25센트.

쓰레기 내다 버린 값 1달러.

숙제를 잘한 값 5달러.

마당 청소한 값 2달러.

전부 합쳐서 14달러 75센트.

엄마는 아들이 쓴 글을 읽고 빙그레 웃으면서 아들의 얼굴을 쳐다보았다.

그리고 엄마는 연필을 가져와 아들이 쓴 종이 뒷면에 이렇게 적었다.

너를 내 뱃속에 열 달 동안 데리고 다닌 값은 무료.

네가 아플 때 밤을 새워 간호하고 널 위해 기도한 값은 무료.

너 때문에 지금까지 여러 해 동안 힘들어하고 눈물 흘린 값은 무료.

이 모든 것 말고도 너에 대한 나의 사랑은 무료.

너 때문에 불안으로 지샌 수많은 밤들과 끝없이 염려했던 시간들도 무료.

장난감, 음식, 옷, 그리고 심지어 네 코를 풀어 준 것도 전부 무료.

이 모든 것 말고도 너에 대한 내 진정한 사랑도 무료.

아들은 이 글을 읽고 눈물을 뚝뚝 흘리며 이렇게 말했다.

'엄마 사랑해요!'

부모가 자식에게 베푼 이러한 사랑과 은혜는 높고, 넓고, 깊기 때문이며 아무런 조건도 없고 대가를 바라지 않는 무료인 것이다.

어느 책을 읽다가 감명 깊었기에 소개해본다.

몸이 불편해서 휠체어를 타고 다니는 학생이 있었다.

어느 날 선생님께서 '세상에 다시 태어난다면' 이라는 글짓기를 시켰는데 그 학생의 글이 뜻밖이었다.

몸이 불편하지 않고 정상적인 사람으로 태어나기를 바라는 글을 쓸 줄 알았는데 그렇지 않고 이렇게 썼다.

'다시 태어난다면 내 어머니의 어머니로 태어나고 싶다.

그래서 이 생에서 내가 받은 고마움을 어머니의 어머니가 되어서 무조건 보답하면서 살고 싶다.

이 세상에서 내가 어머니의 고마움에 보답하며 사는 것은 너무나 힘들기에, 제발 다음 생에선 내 어머니의 어머니로 태어나서 그 무한한 사랑을 갚고 싶다.'

이 학생의 글과 같은 마음이 우리들의 마음이 아니겠는가.

우리들에게도 부모님을 사랑하는 마음이 가슴 가득 담겨 있다는 것을 어버이날을 맞이해서 다시 되새김하여본다.

손녀

손녀가 할아버지를 그린다
둥글게 원을 그리고
눈도 코도 이상하게 그린다

할아버지가 이렇게 못생겼어?
헤헤 그냥 웃는다
자꾸 그린다

귀가 한쪽 없어도 좋고
코가 삐뚤어도 좋다

화낸 얼굴 그려도 좋고
웃는 얼굴은 더욱 좋다

할아버지를 그린다
정성을 담아서 그린다

그 속에서
코 삐뚠 할아버지가
웃으면서 숨 쉬고 있다

치매노인과 어머니

모가 한창 자라는 유월의 맑은 하늘과 햇살의 싱그러움이 가득한 들판을 온종일 뛰어다녀도 지치지도 않고 즐겁기만 하던 개구쟁이 시절에 가끔은 엉뚱한 나의 행동들 중 한 일화가 있다.

집에서 조금 떨어져 있는 과수원에 부모님의 심부름을 다녀오는 길이었다.

논두렁 길을 따라 집으로 가고 있었는데 저만큼 건너편 논에서 누군가 물장구를 치는 것 같다.

저게 뭘까? 몹시도 궁금해진 나는 다가가서 자세히 보니까 나이가 많이 드신 할아버지가 논바닥에 누워서 일어나지도 못하고 계속 팔만 휘젓고 있었다.

사방을 둘러보아도 아무도 보이지 않았고 난 무척 당황스러웠지만 있는 힘을 다해서 간신히 일으켜 세우고 집이 어디냐고 물어봤지만 입만 달싹일 뿐 아무 말도 하지 못하신다.

할아버지의 옷은 진흙이 묻어서 걸을 수조차 없었다.

간신히 부축해서 집으로 모시고 오는데 내 옷이 물에 젖은 것은 물론이고, 초등학교 3학년인 나에게는 너무 힘에 겨워서 같이 넘어지기도 하였다.

할아버지를 모시고 집으로 들어오니, 가족들은 함께 모여서 저녁식사를 하고 있는 중이었고 놀란 어머니께서는 어떻게 된 일이냐고 물어보신다.

나는 조금 전에 있었던 대로 말씀드렸더니 어머니께서는 서둘러 할아버지를 목욕시킨 후 아버지가 입으시던 옷을 한 벌 입혀드리고 사랑채에다가 모셔다 놓고 집은 어디고 가족들은 지금 연락할 수 없느냐고 여러 가지를 물어봤으나 엉뚱한 말을 자꾸 하는 치매에 걸린 할아버지였다.

우리 집은 독실한 기독교 가정이다.

저녁에는 온 식구가 모여서 가정예배를 드렸는데 그때마다 성경 말씀도 배우고 찬송도 여러 가지를 불렀다.

성경을 읽은 다음 설교는 아버지가 하셨고 읽은 내용과는 조금씩 차이가 있지만 거의가 사랑에 관한 이야기였다.

그중에서 어려운 일을 당한 '네 이웃을 내 몸과 같이 사랑해야 한다' 는 성경 구절은 매일 가르쳐 왔었다.

나는 논바닥에 누워계시던 노인을 집으로 모시고 온 것을 배운 대로 실행에 옮긴 잘한 일이라고 생각하고 우쭐대는 마음도 가졌다.

학교에 갔다 돌아오면 노인이 잘 있는지 문을 열어보고는 친구들과 놀러 가거나 쇠풀 하러 나갔었다.

그 다음날도 살짝 들여다보고 나가서 친구들과 놀았다.

이웃 동네에 집 나간 노인이 없는지 수소문도 했건만 찾을 수가 없었다.

노인에게 어디에 사는지 물어보면 무슨 밀인지도 모르게 중얼거렸고 그냥 먹는 것만 자꾸 달라고 하신다.

요즘은 119에 연락하면 금방 해결되겠지만 전화도 없었고 전깃불도 없이 호롱불 켜고 살던 시절이었으니 노인의 집을 찾기란 여간 어려운 일이 아니었고 동네마다 수소문하는 수밖에 없었다.

일주일쯤 뒤에야 노인의 가족과 연락이 닿았고 그 노인의 딸이 와서 자기 아버지를 돌봐주신 어머니께 고맙다고 몇 번씩이나 인사를 하고 모셔간 것이다.

그 노인께선 대 소변도 가리지 못한지라 오줌똥 받아내고, 청소도 빨래도 해야 했고, 어떤 때는 밥도 떠먹이셨던 것은 전부가 어머니께서 담당하셨다.

노인을 모시고 돌아간 뒤 방을 청소한 어머니께서는 그때야 겨우 한숨을 놓았으리라 생각된다.

아들과 딸이 보는 앞에서 힘들다고 불평도 할 수 없었고 그냥 참으시며 돌봐드렸던 것이다.

그뿐만 아니라 집안일도 돌보셔야 했던 어머니를 생각하면 상상만 해도 가슴이 미어온다.

지금 생각해보면 너무나 어처구니없는 일이었다.

그 노인을 집에 모셔간 것만이 내가 할 일을 다 한 것이라 생각했고 대단히 잘한 거라고 우쭐대는 생각까지 했었으니 말이다.

어머니께서 힘드시고 고생하실 거라곤 생각조차 하지 못하고, 당신께선 당연히 하셔야 하는 것이라고 생각했었다.

어머니는 아들이 데려온 진흙투성이의 치매노인을 두고 어떤 생각을 하셨을까.

아무런 생각 없이 그냥 즐겁게 받아들였을지 아니면 괴로움을 억지로 참았는지는 알 수가 없다.

부모가 자식에게 헌신하는 일은 누구에게나 있지만, 자식 아닌 남을 위하여 고생과 헌신을 아끼지 않으신 어머니에게는 많은 괴롬과 아픔이 있었으리라 생각된다.

그러나 어머니에게는

'나에게 주어진 십자가 내가 지고 간다.' 는 당신만의 깊으신 철학이 담겨 있었던 것은 확실한 사실이다.

그뿐만 아니라

'네 이웃을 내 몸과 같이 사랑하라' 라는 예수님의 말씀을 자기 자신의 온몸과 마음을 다하여 실천하셨던 것이다.

그리고

'이웃사랑하기를 이렇게 해야 한다'

'내가 한 것처럼 너희들도 이렇게 하라' 라고 몸소 보여주셨습니다.

어머니!

철없던 그때 일이 정말로 죄송스럽고 그리고 존경합니다.

풀꽃

풀꽃이 피었다

제비꽃도 피고 패랭이꽃도 피었다
참, 곱게 피었다

산속에도 피었고
담장 밑에도 피었다

옥토에도 피었고
가시밭에도 피었다

햇살 받아 영롱한 네 얼굴
누구의 손길이
그리도 고왔을까

봐주지 않아도 피었고
관심이 없어도 피었다

그냥 그 자리에
그냥 그렇게
아름답게도 피었다

응원가

대~한~민~국! 짜잔짜 잔짜

월드컵 축구 경기 때 온 국민이 열광했던 응원가의 한 부분이다.

신이 나면 박수로도 응원하지만 꽹과리나 북을 두들기기도 하고 흥이 고조되면 덩실덩실 춤을 추기도 한다.

내가 초등학교 다니던 시절은 한국전쟁의 상처가 아물기도 전이지만 교육열이 강한 우리나라에서는 전후 복구와 더불어 교육에 전념했던 때이기도 하다.

의성에서도 한참 골짜기인 구천 초등학교도 교육열은 어느 곳에도 뒤지지 않는다.

운동회가 열리는 날이면 온 마을의 축제이기도 하여 부모님과 친지들이 총출동하여 나무그늘에 앉아서 준비하여 온 음식들을 나누어 먹기도 하지만 시골 초등학교 운동회의 장관은 역시 달리기이다.

청군과 백군으로 편을 갈라서 시합을 하지만 주로 자기 동네의 명예를 걸고 동네 대항하는 시합을 할 때가 많다.

달리기를 할 때가 가장 열광적으로 응원을 하는데 선수들이 입장할 때부터 응원이 시작된다.

시합이 시작되면 뛰어나가서 구경하고 싶지만 제자리에 앉아서 응원하지 않으면 형들한테 혼이 난다.

"이겨라! 이겨라! 우리 동네 이겨라!"

(VICTORY)

"빅토리! 빅토리! 보아라 시티 오 아루 아이!"

무슨 말인지도 모르고 가르쳐 주는 대로 목이 터지도록 응원한다.

박수소리보다 더 큰 나무토막 두 개로 딱 딱 박자를 맞추며 응원을 하는데 목소리가 작으면 동네 형들한테 혼나기가 일쑤다.

꽹과리를 울리고 북도 치면서 응원하는 가운데 어른들은

막걸리 판이 벌어지기도 한다.

매년 운동회만 열리면 똑같은 응원가를 목이 터지도록 외쳤던 것이 시골 초등학교 풍경이다.

무조건 시키는 대로 응원가를 따라 불렀지만

'보아라 시티 오 아루 아이'(ＶＩＣＴＯＲＹ)를 설명해 주는 사람은 초등학교 졸업 때까지 아무도 없었다.

고희를 넘긴 고향 친구들끼리 막걸리 잔을 기울이다가

"보아라 시티 오 아루 아이"에 대한 이야기를 했더니 한바탕 웃음꽃이 피었다.

"오하라 시티 오 하루 아이"라고 응원한 동네도 있었단다.

초등학교 다니다가 일찍이 대구로 전학 온 친구는 정확한 발음으로 응원을 했다는 자랑도 하였다.

정확한 발음으로 응원한 친구나 "보아라 시티 오 아루 아이"라고 응원한 친구나 지금은 영어실력이 전부 똑같다.

어릴 적 학교 교문에 들어서면 플라타너스 나뭇잎들이 바람에 흔들리던 운동장은 더없이 넓기만 했고, 목청 높여 소리 지르며 무식하게 응원하던 그때가 엊그제 같은데 다시 그리워지는 걸 보니 우리들의 가을이 점점 깊어 가는가 보다.

꿈
(Dream, Hope)

사람들은 잠을 자면서 꿈(Dream)을 꾸지만 장래에 대한 저마다의 꿈(Hope)도 꾼다.

현실에서 바라는 것들이 이루어지지 않을 때 잠을 자면서 꿈에라도 이루기를 소원한다.

일장춘몽(一場春夢)과 같이 짧은 순간이지만 꿈속에서 소원하는 바를 이루었을 때의 행복이란 아름다운 것이다.

남녀 간에 사랑하는 사람이 멀리 떨어져 있을 때나, 사랑해서 안 될 사람을 사랑한 경우에는 꿈(Dream) 속에서라도 이루어지기를 바란다.

그 한 예로 황진이가 쓴 시조 상사몽 '꿈길' 이라는 시는 가슴이 저려올 만큼 님을 만나고 싶어 하는 글이다.

꿈길밖에 길이 없어 꿈길로 가니/ 그 님은 나를 찾아 길 떠나셨네/ 이 뒤엘랑 밤마다 어긋나는 꿈/ 같이 떠나 노중에서 만나를 지고

꿈길에서 님을 만나면 남의 눈치를 볼 필요도 없고 마음껏 사랑을 나눌 수 있기에 이러한 꿈은 깨지 않고 거기에 머물기를 바랄 것이다.

또한 사랑하는 님이 꿈에라도 자주 나타나기를 바라는 시를 쓴 '명옥' 이라는 기생의 애절한 글도 있다.

꿈에 보이는 님이 신의가 없다 하건마는/ 탐탐이 그리울 적에 꿈 아니면 어이 보리/ 저 님아 꿈이라 말고 자주 자주 보이시오.

'탐탐이 그리울 때 꿈 아니면 어이 보리' 라고 표현한 것을 보면 사랑해선 안 될 사람을 사랑한 것 같은데, 꿈에라도 볼 수 있게 해달라고 간절히 소원하는 것 같다.

사랑하는 사람들에게 가장 안타가운 것은 보고 싶어도 볼

수 없다는 것이다.

그래서 꿈이라도 좋으니 한번 만나보고 싶어 하는 것은 당연한 것이며 서로가 진정으로 그리워하기 때문이다.

그리워 하다가 만나는 좋은 꿈들도 있지만 악귀들에게 잡혀서 죽을 뻔했던 경우나 무서운 짐승이 따라와서 금방 잡아먹힐 것 같은 꿈을 꿀 때도 있는데 잠을 깨고 보면 꿈인 것이 얼마나 다행인지 모를 때도 있다.

꿈을 해몽할 경우가 종종 있는데 나쁜 꿈을 꿨을 때는 꿈과 현실과는 항상 반대로 된다고 말하고, 좋은 꿈을 꿨을 때는 꿈대로 잘 될 것이라고 해몽하는 게 일반적이다.

해몽을 잘해서 출세한 사람으로는 성경에 나오는 '요셉'을 들 수 있다.

감옥생활을 하면서 옆에 있던 죄수들의 꿈을 잘 해몽해준 것이 소문이 나서 임금님의 꿈을 해몽해 주게 되고 그것을 통하여 신임을 얻어서 국무총리의 자리까지 올라가는 영광을 얻게 된다.

미래에 대한 꿈(Hope)을 이야기하면 뭔가 크고 원대한 것을 이야기하는 것으로 알고 있으나 실상은 그렇지 않은 것이다.

인공위성을 타고 달나라에 갈 수 있는 위대한 과학자가 되고 싶다 하면 꿈이 있다고 말하고, 농사를 지어서 가족과 오순도순 살아가겠다고 한다면 꿈이 없다고 말하는 것은 우리의 잘못된 인식이다.

"꿈은 꼭 이루어진다" 축구 경기장에 있던 구호이다.

꿈을 이루기 위해서는 지금부터 무엇인가 해야 한다.

꿈은 꾸기만 하는 것이 아니고 이루기 위해 노력하는 것이다.

복권에 당첨되려면 복권을 사야 되고, 돈을 벌고 싶다면 사업을 하든지 아니면 장사를 해야 한다.

그냥 막연하게 꿈만 꾼다면, 그것은 '푸른 꿈'이 아니고 '하얀 꿈'으로 남는다.

'푸른 꿈'을 꾸면서 도전하고 있는 사람에게는 나이가 아무리 많다 할지라도 그 사람은 청춘으로 머물게 되는 것이다.

미국의 작가인 에이버리 골드는 이렇게 글을 썼다.

'자연은 모든 새에게 벌레를 주지만 그것을 둥지에 던져 주지는 않는다.

꿈(Hope)은 꾸는 것이 아니라 쫓아가는 것이다.'

그렇다.

미래는 꿈꾸면서 도전하는 자의 몫이다.

누가 내게 왜 사느냐고 물으면 이렇게 대답할 것이다.

'저산 너머에 꿈(Hope)이 있기 때문이다'

초승달

가을 뜨락에 앉아서 초승달을 바라보니
구름을 스치우며 서쪽으로 서쪽으로
보석들을 꿰어달고 다정스레 가고 있네

연못을 내려보니 초승달만 두둥실
구름을 스치우며 서쪽으로 서쪽으로
보석은 어디 두고 달님 홀로 가고 있네

배웅하려 연못에 손을 넣으니
초승달 어느덧 하늘로 가고
보석 삼킨 붕어들만 꼬리 흔드네

사랑하는 아들에게

아들아!

네가 입대한지도 벌써 스무 날이 지났구나.

지금쯤 훈련받느라고 고생이 많으리라 생각한다.

입대하던 그날이 지금도 눈에 선 하구나.

어머니와 잡은 손을 놓고 연병장으로 뛰어가던 너의 뒷모습을 잊을 수가 없단다.

그런데 아들아!

연병장 저쪽에 커다랗게 쓰여 있는 구호를 봤니?

"선조들이 지킨 조국 내가 지킨다."

아버지는 이 구호를 보고 전율을 느꼈단다.

그렇구나!

할아버지가 지켰고, 아버지가 지킨 조국을 이제 너에게 맡기게 되니 네가 자랑스럽고 대견하기도 하지만 한편으론 안쓰럽기도 하단다.

열심히 훈련받고 어딜 가서 근무하던지 그곳에서 최선을 다하여라.

네가 조국을 지킨다는 사명감 잊지 말길 바라고,

부디 건강한 몸으로 집에 무사히 돌아오길 기도할게

여기 아버지가 평소에 즐겨 외우던 성경 한 구절을 적어 보내마.

"내가 비록 사망의 음침한 골짜기를 다닐지라도 해 받음을 두려워하지 않음은 주께서 나와 함께 계심이로다."

(시23편 하반)

1996년 3월 아버지가

2장

아름다운 후회

POST

아름다운 후회

바레트호가 25000톤이나 되는 큰 배지만 풍랑 앞에서는 나뭇잎 정도인가 보다.

뱃멀미를 심하게 해서 먹을 수가 없을 뿐 아니라 먹은 것을 다 토해내고도 굶은 것이 엿새째다.

이제는 배가 고픈 줄도 모르겠고 정신은 또렷하나 몸은 흐느적거린다.

일찍이 집에 편지를 해서 부산을 출발하기 전 부모님 얼굴이라도 한번 보고 떠나왔더라면 이렇게 후회돼진 않았을 것이다.

지금 타고 가는 배는 유람선이 아니고 월남전에 참여하는 장병들을 싣고 가는 배다.

항구에서 파병 행사 때 손을 흔들던 학생들을 뒤로하고 씩씩하게 배에 올랐었지만 전쟁터에 가기도 전 풍랑에 휘둘려 굶고 누웠으니 별생각이 다 든다.

이러다가 굶어 죽지나 않는지, 전쟁터에 나가 부상이라도 당해서 불구자가 될 수도 있고, 어쩌면 다시는 고국 땅에 돌아갈 수가 없을지도 모른다는 생각을 하니 지나온 과거가 주마등처럼 떠오른다.

그러고 보니 어머니가 가장 보고 싶다.

나를 위해서 이른 새벽부터 일어나 기도하셨고 그때마다 '훌륭한 사람이 되어서 어디서든 크게 쓰임 받는 아들이 되게 해 달라' 고 기도하시던 어머니의 그 모습이 보고 싶어진다.

다시 보지 못 한다는 생각을 하니 지나온 날들 더 잘해드리지 못 했던 것들도 후회가 된다.

배가 너무 고프니까 자꾸 먹는 생각이 난다.

고추장에 밥을 비벼서 실컷 먹어봤으면 좋겠다는 생각도 들고, 보리밥이라면 풋고추를 날된장에다 푹 찍어 먹었으면

하고 생각하니까 어릴 때 교회에서 둘러앉아 먹던 쌈밥이 자꾸 생각난다.

군에 온 후로 집에는 항상 잘 있다는 안부편지만 보냈었는데 월남전에 차출되어 훈련받게 되었다는 말은 차마 할 수가 없었던 것이다.

전투에 참여하기 위해 춘천에서 받은 훈련까지 합하면 4개월째 편지를 하지 못했었다.

지금이라도 편지를 써야겠다고 시작했으나 무엇을 써야 좋을지 생각이 나지 않는다.

일주일이 지나서야 월남에 도착했다.

배에서 내리니 금방 뱃멀미가 사라진다.

뜨거운 햇볕이며 처음 접하는 나무와 식물들을 보니까 드디어 이국땅에 왔음을 실감하게 한다.

트럭을 타고 부대까지 이동하는 동안 앞뒤에 기관포로 무장한 장갑차들의 삼엄한 경계를 받으면서 전쟁터에 온 것을 실감할 수 있었다.

주위에 펼쳐진 숲들은 푸르다는 표현보다는 검푸르다고 말할 정도로 우거져 있었고 이런 것을 정글이라고 하는구나 싶기도 하다.

부대에 배치된 후 겨우 정신을 차릴 수가 있었다.

'닌호아' 지역에 자리 잡고 있는 백마부대에 배치되었다.

부대 주위에는 5겹의 철조망이 한 바퀴 삥 둘러쳐 있었는데 한 겹의 간격이 약 15m 정도였으며 곳곳에 매설물이 설치되어 있었다.

한국전과 같은 전면 전투가 아니라서 비교적 조용한 편이었고, 어느 지역에 베트콩이 나타났다는 정보가 있을 때는 부대원들을 투입해서 소탕하고 돌아오는 그러한 전투 방식이었다.

보름쯤 지날 무렵 부모님께 편지를 썼다.

'아버지 어머니 잘 계시지요? 저는 월남전에 참여하게 되어 이곳 백마부대에 와 있습니다. 비록 전쟁터이긴 하지만 생각보다 안전하며 잘 지내고 있으니 너무 걱정하지 마십시오. 일 년만 근무하면 고국에 가니깐 그때까지 아버지 어머니 건강하게 계시길 바랍니다.'

이 편지를 받은 부모님은 마음이 어떠했으랴.

이곳이 안전하다고 말했지만 아들을 전쟁터에 보내고 난 부모님의 마음이야 하루하루가 가시방석에 앉은 것 같았을 것이다.

당신들은 어찌할 도리가 없으니 오로지 하나님께 매달려 기도드릴 수밖에 없었다고 한다.

새벽마다 교회에 가서 아들 무사히 돌아오게 해 달라고 하나님께 매달렸던 것이다.

어떤 때는 교인들 전부가 한마음으로 기도를 하기도 했었고, 돌아올 때까지 하루도 마음 편하게 웃어본 일이 없었다는 것이다.

지금 생각해보면 부모님의 걱정과 염려 그리고 기도해준 덕으로 무사히 귀국할 수 있었던 것이다.

이렇게 무사히 귀국할 줄 알았더라면 좀 더 늦게 편지를 보내서 부모님께 걱정을 조금이라도 덜어드렸으면 좋았을 거라는 생각도 해 보았다.

차라리 편지를 보내지 않았더라면 그렇게나 많은 걱정을 하시지 않았을 것이라 생각하니 이 또한 편지를 보냈던 것이 후회로 남는다.

그때의 후회들이 지금은 아련한 추억 속에 머물러 있다.

그러나 나의 삶 속에서 아프기도 하지만 가장 아름다운 후회로 가슴속에 자리하고 있다.

당신

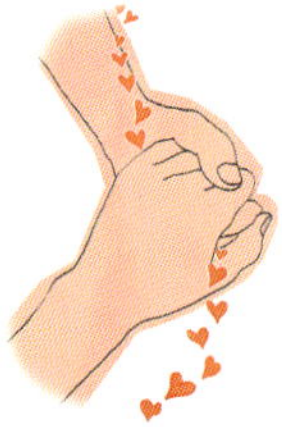

목표가 흔들릴 때
초심으로 돌아가라고 하던 당신

주저앉고 싶을 때
일어나 걸어가라 하던 당신

실패로 울고 있을 때
손수건 내밀며 다시 시작하라고 하던 당신

병상에 누웠을 때
곧 푸른 동산에 마음껏 다닐 수 있다고 하던 당신

당신은 가슴을 뛰게 했고
당신은 열정을 주었으며
당신은 도전을 멈추지 않게 하였다

언제나 변함없는
희망! 그가 바로 당신입니다

AM 53 60 70 80 100 130 160
FM 88 92 96 100 104 108 MHz

월남전의 추억

1969년 월남 참전의 사회 분위기와 맞아떨어진 노래가 있었다.

김추자의 "월남에서 돌아온 김상사"는 경쾌한 행진곡풍의 노래로 당시 파월 군인들의 가족과 친구, 애인들에게 친밀감을 주면서 대 히트를 하게 된다.

이 노래가 라디오를 통해 여기저기서 흘러나올 즈음에 나는 전방 DMZ 근무를 뒤로하고 월남 파병을 명 받는다.

때는 가을, 전쟁에 참여하기 위한 훈련을 1개월간 오음리에서 받고 월남으로 떠나는 날, 부산항을 출발하는 환송식에는 교복을 입은 수많은 학생들과 시민들이 태극기를 흔들며 백마가를 불러주었다.

"정의의 십자군 깃발을 높이 들고 백마가 가는 곳에 정의가 있다. 달려간다 백마는 월남 땅으로 이기고 돌아오라 대한의 용사들"

고국을 떠나 처음 도착한 '퀴논' 항구에서 맹호부대원들이 내리고 그다음 백마부대가 내린 곳이 '나트랑' 이었다.

항구에 내려서 수송차량을 타고 소속 부대로 가는 도중, 앞뒤에 장갑차가 호위하며 근무지로 향할 때 전장에 온 것을 피부로 느낄 수 있었다.

'백마부대' 는 월남의 중부지역인 '닌호아' 에 주둔하고 있었다.

열대지방의 나무들이 우거진 정글에는 사람들이 다니지 못할 정도로 숲이 엉켜져있어 이름 모르는 나무들 사이로 특히 가시가 있는 대나무 숲은 통과할 수가 없어서 옆으로 돌아가야 되는 어려움을 겪기도 하고 평소에 편안한 것 같지만 언제 적들이 나타날지 모르는 전시의 적막함은 두려움을 자아냈다.

한국전이나 기타 전쟁을 보면 비로 쓸 듯이 지나가면서 적들을 소탕하지만 이곳에서는 숲이 우거져서 사람들이 다니던 길로만 다니기 때문에 완전히 장악했다고는 보기 어려운 게릴라(기습) 전쟁이다.

어떤 곳은 점령하였다가 그곳이 평온한듯하여 철수를 하면 다시 그날부터 적군이 점령하기도 하는데 나중에는 한국군과 미군이 월남에서 완전 철수를 하고 난 뒤 금방 공산군이 점령했던 것도 맥락을 같이 한다.

그러다 보니 어떤 사람이 적군이고 어떤 사람이 아군인지 도무지 알 수가 없다.

차라리 한국전과 같이 아군과 적군이 분명한 곳에서의 전투가 훨씬 용이할지도 모른다.

어느 곳에서나 자기가 맡은 일에 최선을 다하는 것이 조직을 이끄는 원동력이 되는 것이다.

나는 정훈병으로 근무했기 때문에 전우 신문도 나눠주고 저녁에는 환등기로 영상 관람도 해 주었는데 녹음기로 이미 녹음된 것에 맞춰서 환등기의 사진을 한 컷씩 넘겨주는 옛날 방식으로 옛날 극장에 가면 활동사진이 나오고 변사가 이야기를 구성지게 하는 것과 같다고 보면 된다.

햇볕이 뜨겁고 무더운 크리스마스 날에는 캐럴도 들려줬다.

이국땅 열대지방에서 듣는 캐럴을 전우들은 어떤 기분으로 들었을까?

고국에서와 같은 기분이야 생기지 않겠지만 그래도 '고요한 밤, 징글벨' 등을 들려줬을 때는 잠시라도 향수에 젖을 수 있었다.

부대원들 거의가 일 년 동안만 월남에서 근무하기 때문에 다음 캐럴은 집에 가서 가족들과 함께 들을 생각을 하고 있었을 것이다.

장병들에게 최고 인기는 역시 연예인들이 위문공연을 왔을 때이다.

그때에 유행하는 노래를 하기도 하고 만담을 하는 등 고국에서 인기 있던 연예인이 출연한다.

가장 히트한 노래는 '노란 샤쓰의 사나이'와 '월남에서 돌아온 김상사'였다.

연예인들과 기념사진도 찍었다.

단체로 찍는 것이 아니라 한 사람씩 찍는다.

사진기와 연예인을 한자리에 고정시켜 놓고 군인들이 한 줄로 서서 계속 찍어대기도 했다.

고국에서 유명인사가 왔을 때 기념으로 대포를 쏘기도 하였는데, 포탄이 떨어지는 곳은 앞에 있는 '호네오' 라는 산이었고, V자 글씨를 표시하도록 9발 정도를 발사했다.

적들의 생명도 다 소중한데 남들이 쏘는 기념 포에 '맞아 죽기라도 했다면 얼마나 억울했을까' 라고 생각하니 세상 참 고르지 못함을 느껴본다.

부대원들은 전부가 고국 땅에 돌아갈 날만을 손꼽아 기다린다.

파병된 날이 다르기 때문에 각자가 자기 달력에 귀국하는 날을 표시해 놓고, 하루에 하나씩 날짜 지우기를 한다.

하루는 금방 지나가는 것 같은데 세월은 멈춰 있는 듯 지겹기가 한이 없었다.

그러나 멈춰있는 듯하던 세월도 흘러서 날짜 지우기가 얼마 남지 않았다.

병장 월급이 53달러였는데 10달러만 현지에서 쓰고 나머지는 전부 고국으로 송금했었다.

이것이 정부의 시책이었고 국가 발전의 원동력이 되는 자금줄이었던 것이다.

모아둔 돈으로 녹음기를 한 대 샀다.

국산이 나오지 않던 때라서 일제로 한 대 사고 나머지로는 비누 등 생필품을 조금 샀다.

며칠 몇 시쯤 부산항에 도착한다고 편지도 집에 보냈다.

배를 타고서야 고국으로 간다는 것을 실감할 수 있었다.

갈 때 같이 갔던 전우들과는 올 때도 같이 오게 되는데, 건강한 모습으로 만났으니 얼마나 반가운가.

보이지 않는 전우들의 안부를 물어보기도 하고, 근무지에서 용맹하였다는 무용담도 들으면서 갈 때 타고 갔던 25000톤의 '바레트호'는 부산 항구로 향하고 있었다.

내가 월남에 머무는 13개월 동안 많은 전우가 왔고 많은 전우가 돌아갔다.

병원으로 간 친구도 있고 비행기를 타고 국립묘지로 간 친구도 있다.

새까만 얼굴에 초롱초롱한 눈망울과 깡마른 체구로 돌아가지만 자유의 십자군 긍지와 지부심을 가지고 고국으로 돌아가고 있다.

명품 가방

백화점 명품관을 둘러보면 유명 브랜드들이란 거의가 외국 회사들 것이다.

상품도 무더기로 갖다 놔두는 것이 아니라 포인트 되는 물건만 한두 개를 가장 잘 보이는 위치에 진열한 것이 고급스러운 느낌을 더해준다.

명품은 오랜 시간과 노력을 들인 장인이 만든 물건이기에 값이 엄청 비싸다.

그러면 명품을 사는 사람들은 어떤 사람들일까? 아무래도 고가의 물건을 장만하자면 돈이 필요할 테니까 돈이 많고 생활수준도 높은 사람들일 것이다.

명품관 앞을 괜스레 서성거려 본다.

한참이 지난 것 같은데 물건을 사러 오는 사람들이 눈에 띄질 않는다.

그런데도 시내를 다녀보면 나이가 든 할머니도 장에 가는 아주머니도 대학생도 가방을 들고 가는 사람들 거의가 명품을 들고 다닌다.

아내가 밤색의 핸드백을 하나 샀다.

가방 이름만 들어도 누구나 다 아는 L 회사의 명품인데 어디에서 샀느냐고 물으니 대답이 영 시원치 않아서 궁금하기는 했지만 아내도 여자인데 오죽 갖고 싶었겠나 생각하니 이때껏 가방 하나 못 사준 것에 미안한 맘이 든다.

웬만한 모임이면 새로 산 명품 가방을 들고나간다.

친구들이 부러워한다는 이야기도 하고 얼마 줬느냐고 묻기라도 하면 씩 웃어버린다고 한다.

교회에 갈 때나 친척들을 만날 때는 그 가방을 갖고 가지 않는다.

"좋은 가방을 들고나가지 왜 다른 것을 들었어?"라고 말하면

"좋은 가방을 들고 다니면 부러워하는 게 아니라 거부감을 느껴"라고 대답한다.

아내가 스포츠센터를 운영하고 있으니 알고 있는 사람들은 거의가 부자라고 생각하고 있을 것이다.

며칠 만에 둘째 며느리가 아이를 데리고 집에 왔다.

"승연이 어미야! 핸드백의 지퍼가 잘 안되는데 A/S받을 수 없나?"

"어머님. 그건 좀 곤란한데요."

며느리가 내 눈치를 보면서 서비스가 안 된다고 말한다.

"명품을 A/S도 받을 수 없다니 무슨 말이야?"

다그치는 나에게 자초지종을 설명한다.

가방이 짝퉁이란다.

진짜 가격의 10% 정도로 샀으며 알선은 며느리가 하고 돈은 아내가 지불했다는 것이다.

"왜 가짜를 샀어!"

큰소리치긴 했으나 명품 가방 하나도 못 사준 미안한 마음도 들고 또 명품 가방을 얼마나 들고 싶으면 가짜까지 샀을까라는 생각도 든다.

"여보! 진짜를 하나 사줄까?"

라고 묻는 나에게 이것만 해도 충분하다고 한다.

가방을 들고나가면 가짜를 들었다고 눈치채는 사람은 아무도 없다고 말한다.

전문가가 아닌 이상 짝퉁을 구별하지도 못 할뿐더러 특히 자기가 들고나가면 의심하는 사람이 전혀 없고 오히려 좋은 가방 들었다고 부러워한다는 것이다.

마음이 부자이기 때문에 가짜를 들어도 괜찮은 건지, 아니면 돈이 아까워서 진품을 사지 못 하는 것인지 알 수가 없다.

백화점의 물건값이 시장에 비해 얼마가 비싸다고 비교도 하고, 조금이라도 더 싼 것을 찾아다니는 아내 또래의 사람들은 가난이 익숙한 시대의 사람들이다.

어쩌면 명품점이 이들에게는 이방 지대인 것이 당연하리라 생각된다.

짝퉁이 정교하게 잘 만들어졌다면 자기 상표를 개발하는 것도 바람직할 텐데 구태여 도용하는 것도 그렇고, 짝퉁인 줄 알면서 돈을 더 많이 주고 사는 사람도 좀 이상하다.

부부 동반으로 모임이라도 가는 날이면 아침부터 미장원

에도 다녀오고, 이 옷 저 옷 다 입어본 다음 마지막에는 가짜 핸드백을 들고나간다.

"꾸미고 나오니깐 정말 멋있어"

"아무리 옷과 가방이 짝퉁이라도 그 속에 있는 당신이 진품이잖아"

측은한 생각이 들기도 한다.

"멋있는 명품 가방을 진짜로 하나 사줄까?"

이러한 빈말을 오늘 또 멋쩍게 해 보면서 부부모임 장소로 가는 아내의 손을 슬며시 잡아보았다.

보이지
않나요

폐지 주워 리어카에 싣고 땀 흘리며 가는 노인이
그대 눈에 어떻게 보이나요

주름진 얼굴과 남루한 옷차림에 가까이 오면
고개를 돌려버리고 싶은 늙은이로만 보이나요

뽀얀 얼굴로 아버지 도와 일하고 밤에 공부하던
그 모습은 보이지 않나요

초롱초롱한 눈망울로 최전방 전선을 지키던 씩씩한
그 모습은 보이지 않나요

새벽별 보며 일터로 가 산업현장을 누비며 일하던
그 모습은 보이지 않나요

하루도 쉬지 않고 자식들 뒷바라지에 가슴 조이던
그 모습은 보이지 않나요

그대가 버린 빈병과 휴지조각들을 깨끗이 치우는
환경개선가로 보이지는 않나요

보잘 것 없는 것을 활용해 재탄생시키는
근대화의 밑거름으로 보이지는 않나요

아버님 사랑

아내가 신혼 초를 회상하면서 써 놓은 글이다.

돌아가신 아버지가 그리워 눈물을 찔끔거리면서 쓴 글이기에 그대로 옮겨본다.

결혼 후 첫 번 맞이하는 가을이다.

혼자서 찾아간 시골집에는 조그마한 화단에 국화꽃이 아름답게 피어있었다.

야생국화인데 아름답기도 하지만, 꽃향기가 좋아서 그곳에서 한참을 머물기도 했었다.

다음날은 밭에 가신다는 어머님을 따라나섰다.

산모퉁이를 돌아가면 그곳에서부터 안계평야가 펼쳐지는데 그야말로 황금들녘이다.

끝자락이 보이지 않는 넓은 들과 그 사이로 유유히 흐르는 위수강 넓은 백사장엔 온갖 철새들이 모여서 한가로이 노닐기도 한다.

시원하게 불어오는 가을바람과 드높은 하늘, 풍요로움 속에서 어린 시절을 보내며 많은 꿈을 키웠을 그 사람을 생각해 보기도 했다.

저녁노을이 질 무렵 집으로 돌아와 보니 화단에 있던 국화꽃을 누군가가 전부 꺾어가고 그 줄기만 남아있는 것이었다.

꽃이 없어진 것에 금방 마음이 어두워졌다.

방문을 열었을 때는 더욱 깜짝 놀랐다.

작은 책상 위에 사이다병 두 개가 놓여있었고 똑같은 길이로 자른 국화꽃이 거기에 가지런히 꽂혀 있었다.

일흔이 넘으신 아버님께서 꽃을 꺾어서 병에다 꽂아 주셨던 것이다.

나는 그 순간 표현할 수 없을 만큼 가슴이 뭉클해오는 것을 느꼈다.

화단에 그냥 두면 더 좋았을 것이란 생각이 들지만, 며느리 사랑하는 아버님 마음을 어찌 헤아릴 수 있겠는가.

아침과 저녁에는 제법 쌀쌀하다.

저녁에 불을 때고 나면 한참은 따뜻하지만 새벽녘에는 방이 식어져서 추워진다.

며느리가 자는 방이 춥다고 새벽에도 불을 넣어주셨다.

잠자는 척하고 누워있었지만 아버님의 따뜻한 사랑을 더욱 실감할 수 있었다.

며칠 후 대구로 돌아오던 날은 구두를 신고 걷기에 불편하다고 아버님이 신으시려고 사두신 털신을 내어주셨다.

새색시가 신기엔 멋쩍고 부끄러운 생각이 들었으나 신어보니 포장되지 않은 시골길 걷기에는 아주 편했다.

아버님께서는 십 리나 되는 버스 정류장까지 바래다주신다면서 곡식과 과일들을 어깨에 메고 같이 나서셨다.

"천천히 걸어오너라"

나에게는 천천히 오라고 말씀하시고는 빠른 걸음으로 정류장을 향해가셨는데 어느덧 보이지 않는다.

한참 후 아버님께서는 가셨던 길을 되돌아오시더니 내 앞에 짐을 내려놓으시며 작은 약봉지 하나를 건네주신다.

차멀미 약이었다.

“멀미약은 차 타기 30분 전에 먹어야 한다.”

며느리를 위해 가셨던 길을 다시 되돌아서 오신 것이다.

임신 초기라서 아무 약이나 먹으면 안 된다고 하던 의사의 말이 생각났지만, 아버님의 크신 사랑 앞엔 아무런 문제가 되지 않았다.

나는 알약 두 알을 입에 넣고 아버님이 따주신 음료수를 받아마셨다.

아버님과 나는 버스정류장을 향해 다시 걸었다.

‘하나님! 내게 이렇게 귀하고 사랑 많으신 부모님을 만나게 해주심을 진심으로 감사드립니다.’

마음속으로 몇 번 씩이나 감사의 기도를 되뇌었다.

아버님께서는 짐을 버스에 얹어주셨고, 출발시간을 기다

리고 있을 때였다.

옆 창문을 두드리는 소리에 돌아보니 종이에 무언가를 싸서 창문으로 넘겨주시면서 가면서 먹으라고 하셨다.

버스가 정류장을 출발했을 때 아버님이 계시는 창밖을 돌아다보았다.

덩그러니 빈 정거장에는 초라하기 그지없는 시골 할아버지 한 분이 떠나는 버스를 향해 손을 흔들고 서 계셨다.

나는 왈칵 눈물이 쏟아져 나온다.

참으려 애써봤지만 소용이 없었다.

한참을 울고 주위를 돌아보니 모두가 나만 보는 것 같았다.

새색시가 털신을 신고 울고 있었으니 모두가 쳐다보지 않았겠는가.

아버님이 싸주신 종이를 열어보았다.

신문지로 싼 종이에는 엿이 있었다.

얼마나 꼭 쥐고 울었던지 엿이 녹아서 종이에 붙어 있었고, 종이를 곱게 뜯고 보니 종이에 쓰여 있던 글씨가 엿에도 새겨져 있었다.

추억이 서려있는 황금들판에 다시 와 보니 멀미약 사주시던 그 길은 옛 그대로인데, 사랑이 가득하신 아버님의 모습은 보이지 않고, 칠순을 앞둔 나의 가슴속에서만 영원토록 자리하고 계신다.

아름다운 단풍

짙푸르던 녹음이
단풍으로 물들고 있다

키 큰 은행나무도
키 작은 상수리나무도
틈새 떡갈나무도
고운 단풍으로 물들고 있다

꽃도 피웠고
모진 비바람과
이글거리는 태양 속에

신록이 무성함을 자랑도 했다

숲을 이루면서
새들에게 노래를 주었고
다람쥐와 사슴을 보며
열매 맺는 기쁨도 누렸다

세월의 선물
붉게 물든 화려한 모습으로
바람이 불면 여행도 떠나는
꽃보다 아름다운 단풍으로 물들고 있다

맛 좀 봐주세요

"어머니! 국 맛 좀 봐주이소"

시래깃국을 끓이던 아내가 어머니에게 너무 싱겁지 않는지 간을 봐달라고 한다.

"그래, 이만하면 됐다"

일흔이 훨씬 넘으신 어머니께서는 며느리가 국맛을 봐달라고 한 것이 그리도 좋으신지 연신 싱글벙글하신다.

별로 소일거리가 없으신 당신께 물어봐 주는 것만도 좋으신가 보다.

기분이 좋아지신 어머니는 며느리에게 이런저런 이야기를 쏟아내신다.

시골에서는 가마솥에다가 국을 어떻게 끓였다는 이야기며, 밥은 얼마를 해서 먹고 남은 것은 시루에 얹어 어떻게 보관했다는 등 이야기보따리가 터져 나오신다.

앞집에 살았던 '숙자' 이야기도 하시고 뒷집에 살았던 '마산댁' 이야기도 하신다.

어머니의 이러한 이야기는 한 번만 하시는 게 아니다.

누가 들어주기만 하면 또 하시는데 가만히 들어보면 아는 것이라곤 자기가 체험하신 시골에 살았던 이야기들 밖에 없는데 주로 아침식사 때부터 이야기가 시작되며 나는 듣는 척하다가 밖으로 나가서 출근을 하곤 했다.

그러나 그 이야기를 아내는 계속 들어준다.

했던 이야기를 또 하는데도 들어주고 장단도 맞추어 드리다가 전에 했던 말과 달랐을 때는 다시 질문도 해준다.

할 일이 없어 심심해하신 어머니께 국 맛을 봐달라고 하고, 이야기를 상대해준 아내가 너무나도 고마웠다.

세월이 너무나 빨리 흘러 벌써 아내의 나이가 일흔이 다 되어가고 유수 같은 세월은 금방 어머니만큼의 나이를 들게

할 텐데, 누가 이야기를 상대해주며 국 맛을 봐 달라고 할지 아내가 측은하다는 생각이 든다.

오늘은 아내와 같이 단풍이 곱게 물든 팔공산이라도 다녀와야겠다.

단풍이 물들면 얼마 있지 않아서 낙엽이 될 텐데, 나뭇잎으로 있을 때 다시 보고 싶어진다.

우리의 인생길도 그만큼 와있을 것이기 때문인 것이다.

저축

부족함을 채워가는 기쁨도 있다.

돼지 저금통에 저축을 하는 아이는 처음에는 텅 빈 공간이었지만 조금씩 동전을 넣어서 점점 차오르는 것을 보게 된다. 아이는 돼지 저금통이 차오르는 것을 보고 무척 기뻐한다.

인생도 살아가면서 부족함을 점점 채워나가는 즐거움이야말로 무엇과도 바꿀 수 없는 것이다.

결혼 후 이런저런 일들로 아내에게 외식 한번 시켜주지 못 했다.

그러다 어느 날 의외의 돈이 생겨서 기쁜 맘으로 결혼 후 처음으로 외식을 하는 날이었다.

오늘은 큰맘 먹고 쇠고기로 한 턱 크게 사야겠다고 두 살 난 아들을 안고 쇠고기 굽는 식당에 가서 실컷 구워 먹었다.

그날따라 아내도 오랜만에 먹는 고기인지라 많이 먹고 기분이 좋은 것 같았다.

디저트로 과일까지 먹고 밖으로 나와 돈을 계산하고 나오는데 아내가 곁으로 오더니 얼마를 줬느냐고 묻는다.

나는 아무 생각 없이 웃으면서 얼마를 줬다고 말했다.

그러자 방금까지도 행복했던 얼굴은 온데간데없이 금방 어두워진다.

그 돈이면 아이 분유를 몇 통이나 사고, 쌀을 사도 얼마를 살 수 있다는 둥 찔끔 찔끔 울면서 걷잡을 수 없는 잔소리가 시작되었다.

월급 조금 가지고 먹고살고 저축도 해야 된다는 것이 잔소리 요점이었지만 그 잔소리에 얼마나 시달렸던지 그 이후로는 우리 가족에게 외식이라곤 완전히 사라져 버렸다.

둘째 아이가 태어나던 해에 교통사고를 당했다.

늦은 시간이라서 택시를 타고 오는데, 상대방의 운전수가 술을 잔뜩 먹고 운전하다가 택시와 충돌을 하였다.

나는 충격으로 눈썹이 약간 찢어졌는데 파출소에 가서 신원을 확인 후 거기에 있는 상비약으로 눈썹에는 소독약 바르고 반창고를 붙인 후 집으로 돌아왔다.

다음날 병원에 가서 몇 바늘 꿰매고 난 후 약을 조금 먹고 나니 금방 괜찮아졌다.

한참 후에 사고를 낸 운전사가 합의를 봐달라고 찾아왔었다.

나는 합의서에 그냥 도장을 찍어주라고 하고 직장에 갔는데, 아내가 어림도 없다면서 합의금으로 15만 원을 받았었다.

월급이 30만 원이었으니 어느 정도인지 짐작이 간다.

얼마 지나서 그 돈 어떻게 했느냐고 물으니 전부다 저축했다는 것이었다.

"그런 게 어디 있어 내가 다쳤으면 닭이라도 한 마리 사서 보신시켜 줘야 하잖아"

아내는 들은 척도 안 했고 아이들 다 자랄 때까지 나한테 보신 한번 안 시켜줬다.

아내 주머니에 돈이 조금이라도 들어가면 다신 나오지 않는다.

어디에 썼냐고 물으면 어디 어디에 다 쓰고 남은 것 하나도 없단다.

급할 때 조금이라도 빌려 쓰면 약속 날짜에는 어떠한 일이 있어도 갚아야 된다.

만약 약속을 어기면 잔소리가 시작되는데 빌린 돈하고 관계없는 것까지 다 튀어나온다.

세상에서 가장 무서운 돈이 아내 돈이다.

달달 볶이다보면 '부부간에 더럽고 치사하다' 는 생각이 절로 난다.

스포츠 센터를 짓겠다고 공사를 벌려 놨는데 돈이 모자라서 은행에 빌리려고 해도, 일정 한도 이상은 안 된다고 한다.

혹시나 하고 아내에게 돈 좀 있냐고 물어봤다.

얼마나 필요한가를 묻길래 많을수록 좋다고 말하고 눈치만 살피고 있는데, ○억 이면 되느냐고 되묻는다.

나는 깜짝 놀랐다. 그냥 해 보는 소리 같기도 하고 어디서 융통할 것까지 생각해서 하는 말인 것도 같고 갈피를 잡을 수 없었다.

“여보, 당신한테 독하게 굴어서 미안해. 언젠가는 이런 날이 오리라 생각하며 욕먹어가며 모아둔 돈이에요.”

이 돈이 자기의 전 재산이고 자신의 버팀목이었다면서, 전부 내어놓고 나면 허전함 때문에 눈물이 날 거라고 말한다.

“알았어, 대신 이 집은 당신 이름으로 등기해 줄게”

그렇게 위로하고 그 돈을 합하여 무사히 공사를 마무리할 수 있었다.

악바리 아내와 결혼한 30년의 세월이 흐른 때였다.

맑은 물
같은

잠든 아내의 얼굴을 본다
일흔이 다 된 주름진 아내의 모습을
지나간 세월이 신기루처럼 환해져오며
분꽃 가루처럼 뽀얗게 미소 짓던
젊은 날의 아내의 모습이 피어난다

당신과 나
처음 만나 맺은 신혼의 꽃길 지나
박봉의 남편 기죽이지 않고
묵묵히 견뎌온 덧없는 세월이
휘영청 굽은 달빛 아래 아련히 스며들면

혹, 아내여 내 마음 그대 곁에
다 머물지 못 하더라도
어떤 순간에도 지울 수 없는
깊고 깊은 우물 속
맑은 물 같은 사랑을 기억해주오

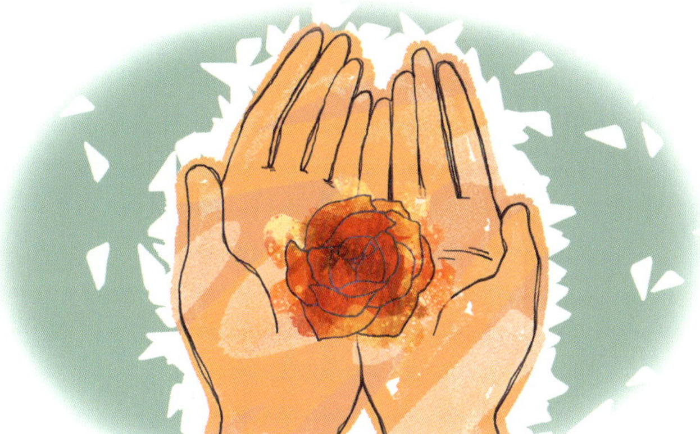

공사 입찰

공개 입찰에서 우리 회사에 공사가 낙찰되었다.

그런데 우리 회사만이 아니고 다른 회사와 동시 낙찰이란다.

동시 낙찰이란 입찰을 할 때에 우리 회사가 (얼마에 이 공사를 하겠습니다) 적어냈는데, 다른 회사에서도 똑같은 금액을 적어 넣었던 것이다. 이럴 때는 두 회사 중에 다시 한 회사만 선택해야 정식 낙찰이 되는 것이었다.

전북 전주에서 하는 공사였으므로 전주 조달청까지 낙찰을 보기 위해 승용차를 타고 가는 도중 오만가지의 생각으로 머리가 혼란스럽다.

30억 정도의 공사가 낙찰되면 적어도 2년간은 일을 할 수 있고 그 수입은 얼마쯤 되리라 생각을 하니 그 공사를 꼭 하고 싶어졌다. 그러나 확률이란 50% 밖에 되지 않는다. 봉투 속에 합격과 불합격을 적어 넣고 두 개를 동시에 던지면 그중에서 봉투 하나를 잡는데 여간 가슴이 떨리는 일이 아니다.

분명히 왼쪽 아니면 오른쪽 일 텐데, 어느 쪽을 선택해야 좋을지 생각이 떠오르지 않는다.

그때 문득 성경의 한 구절이 생각나서 회사의 기독교 신자인 경리과장에게 전화를 했다.

"한 과장! 빨리 성경 좀 찾아봐라."

입찰 보러 가다가 갑자기 성경 찾으라는 말이 의아한 듯

"성경은 왜요?"하고 되묻는 것이다.

"베드로가 물고기를 못 잡아서 허덕이고 있을 때 예수님께서 어느 쪽인지 그쪽으로 그물을 던지라고 하셨다.

예수님의 말씀대로 그물을 던진 결과 그물이 찢어질 만큼 잡았다는데 그쪽이 어느 쪽인지 찾아보고 전화해다오"

위급한 상황일 때나 갈피를 못 잡을 때에는 항상 누구에겐가 매달리고 싶은 것이 인간의 마음인가 보다.

그물 던지라고 했던 쪽이 왼쪽이면 왼쪽 것을 줍고, 오른쪽이라면 오른쪽 것을 잡을 생각이었다.

전주를 향해 한참을 가고 있는데 직원한테서 전화가 왔다.

"사장님! 성경을 찾아봤는데 어떤 쪽이 없고요, '깊은 곳에 던져라' 라고만 되어있어요."

한 과장의 목소리에 당황한 나는

"아닌데, 분명히 어느 쪽으로 던지라고 하셨던데……."

결국 한 과장과의 통화는 해답을 얻지 못하고 끝이 났다.

'그물을 깊은 곳에 던져라' 라고 했다면 나는 어떤 쪽 것을 집어야 한단 말인가! 나에게서 더 먼 곳에 있는 봉투를 집을까? 한참을 고민했으나 해답을 찾을 수 없어 그냥 운에 맡기기로 하고 마음을 비우고 입찰에 임했던 것이다.

입찰을 끝내고 회사에 돌아와서 나는 베드로에게 하신 말씀 중에 분명히 어느 쪽을 가리킨 것 같아서 성경을 다시 찾아보았다.

'그물을 깊은 곳에 던져라.'(누가 5:4)고 하신 말씀도 있었지만, '오른쪽으로 그물을 던져라.'(요한 21:6)고 하신 말씀도 있었다.

오른쪽 것이던지 아니면 깊은 곳이던지 성경에 있는 말씀의 그쪽을 제비뽑기에 맞추는 건 분명히 옳지 않은 것이다.

그것으로 통해서 맞춰졌다면 그분께서 도와주셨다고 생각하고 그렇지 않을 때는 반대로 생각한다면 이것은 신앙이 아니고 미신인 것이다.

그러나 미신이란 것을 알면서도 그러한 것을 적용시키려 함은 나약한 인간이기 때문일 것이리라.

그런 것들에 집착할 것이 아니라 우리가 낙찰받을 수 있도록 해달라고 하나님께 기도를 드린 후 입찰에 임하는 것이 백번 옳은 일이다.

당첨되면 감사하게 일할 것이고 그렇지 못했다면 분명히 깊으신 뜻이 계신 것으로 받아들이면 되는 것이다.

'범사에 감사하라 이것이 그리스도 예수 안에서 너희를 향하신 하나님의 뜻이니라.' (데살로니가 전서 5:18)

전주의 공사는 요행스럽게도 우리 회사가 낙찰받아서 2년 동안 열심히 일한 결과 공사를 깨끗하게 끝내고 대구로 돌아올 수 있었다.

해바라기

잡으려고
걸어도 가고 뛰어도 갔다
달아나는 널 보며
해바라기처럼 살았다

미로의 골목도
험준한 산길도
널 찾아
헤매고 다녔다

네가 올 때는

대문을 활짝 열어 맞이했고
춤추고 노래하며
황금 무지개를 꿈꾸었다

떠나갈 때는
괴로워서
외로워서
앓아눕기도 했다

너를 사랑함이
만 악의 근원이라 했건만

너와 함께
오순도순 살다가
아름다운 소풍 끝나는 날
고이 보내 드리리니
내 곁에 항상 머물고 있으오

그대 '돈' 이시여!

주어진 삶

세상에는 수 없이 많은 직업들이 있지만 마치 운명처럼 나를 찾아와 평생의 직업이 되어버린 것이 건설업이다.

수 십 년 동안 건설업에 종사하다가보면 현장에는 늘 위험함이 따른다.

지하실 기초공사를 하던 중 암벽이 무너졌다.

흙막이 공사를 하지 않고 위험이 따르는데도 무조건 달려들어 일해야 했던 개발이 시작되던 초기의 일이다.

다시 흙을 파내야 할 뿐 아니라 거푸집이며 철근을 모두 묻어버렸으니 손해가 막대하다.

위안을 받는다면 아무도 다치지 않았다는 것이다.

다시 용기를 내어 일하기 시작했으나 서글프기 한량없다.

세상에는 직업이 수없이 많은데 왜 하필이면 위험하고 머리 아픈 건설업이란 말인가?

건설업이 어려운 건 이뿐만이 아니다.

공사를 수주받기 위해서 이리 뛰고 저리 뛰다가 공사가 낙찰되면 수익이 창출될까를 걱정해야 하고 공사하는 과정에서 사고라도 날까 봐 가슴 조여야 했으며 나중에 공사대금을 받을 때는 별별한 일들이 벌어진다.

시골에서 중학교를 마치고 공업고등학교에 진학하려던 때의 일이다.

아버지께서 돈을 많이 벌 수 있는 '기계과'를 선택하라고 말씀하셨다.

그래서 1지망 : '기계과', 2지망 : '건축과'에 응시했는데 성적이 부족했던지 '1지망'이 떨어지고 '2지망'에 합격해서 건축을 전공하게 되었고, 중간에 다른 길로 가려고 애도 써봤지만 이루지 못하고 건설업을 직업으로 오늘에 이른 것이다.

공부를 조금만 더 잘했더라면 '기계과'를 갔을 테고 기계를 전공한 오늘날 무엇을 하며 살아가고 있을까.

포항제철 같은 대기업에 취직이라도 해서 살아갈지, 혹은 자전거라도 수리하는 자영업을 하며 살아가고 있을지도 모를 일이다.

그곳에는 위험도 없고 안전하며 수입도 많은 이상적인 직업인지, 아니면 건설현장과 같은 험난하고 고달픈 직업이었을지 알 수가 없다.

공부를 조금 더 잘했고, 조금 못한 것이 이렇게 삶의 방향을 결정짓는단 말인가?

자기의 능력껏 열심히 공부했지만 성적의 차이 때문에 삶의 방향이 완전히 달라진다면 스스로 결정짓는 것은 없고 운명에 맡기는 수밖에 없지 않은가.

중간에 다른 길로 가보려 했으나 그것도 마음대로 되지 않았다.

아무도 모르게 나 혼자 K 대학 음대 성악과에 지원한 적이 있었는데 실력이 부족해서 또 떨어졌던 것이다.

음대 성악과에 합격이라도 했다면 오늘날 무엇을 하고 있을까.

학교에서 학생들을 가르치며 즐겁게 교편생활을 했을지

아니면 열린음악회라도 나가서 많은 사람들에게 즐거움을 줬을지도 모를 일이다.

'운명론'을 살펴보면 인간은 태어나 '어디'에서 '무엇'을 하며 '어떻게' 살아가다가 '언제' 죽는다고 이미 예정이 되어 있다는 것이다.

기독교에서 말하는 '예정론'과도 맥을 같이 한다.

그 사람의 구원이 이미 예정되어 있다는 이론이며 기독교의 기본 교리로 사용되고 있다.

그렇다면, 이미 다 정해진 틀 위에서 살아가고 있는 것이 되는데 부지런함도 필요 없고 최선을 다할 필요도 없다고 해석하면 큰일이다.

주어진 곳에서 열심히 최선을 다해 살아가야 되는 것이다.

운명은 바꾸려 해도 바뀌지 않는 것이 인생길이라 할지라도 인간이 할 수 있는 노력은 아끼지 않아야 한다.

하긴 마음대로 된다면 누구나 다 보람되고 좋은 일들만을 골라서 할 것이지 고달프고 괴로운 일을 할 사람이 어디 있겠는가.

주어진 그곳에서 목적을 향해 최선을 다하여 살아가면 되는 것이 인생이 아니겠는가.

살다가보면 좌절도 있고 실패도 있으리라.

그러나 '경로를 재탐색 합니다' 고 말하는 내비게이션처럼 좌절과 실패의 자리에서 목적지를 향하여 다시 출발하면 되는 것이다.

내비게이션은 처음 시작한 곳으로 되돌아가서 출발해야 된다고 말하지 않을뿐더러, 불평도, 지적도 하지 않고 그냥 그 자리에서 다시 시작한다고 말한다.

목적지를 향하여 잘 달려가는 사람보다, 넘어지고 또 넘어져도 다시 일어나서 달리는 자에게 우리는 더 많은 박수를 보내지 않았던가.

공부를 잘할 수 있었는데도 잘하지 못한 것이 아니고 나의 능력과 노력이 그 한계에 이른 것이다.

'기계과' 를 전공했던지 아니면 '성악' 을 전공했던지, 돈을 얼마나 벌었고 얼마나 행복해졌을지 알 수 없지만, 건설현장에서 한평생 동안 땀 흘리며 일했던 것도 보람되고 알찬 생활들이 아니었겠는가.

집을 짓다가 순탄하게 끝날 때도 있었고 무너지는 경우도 있었지만, 어떠한 경우에도 목적을 이루었고 또한 오늘날과 같이 경제발전을 이루는데 그 밑거름이 된 것이 얼마나 자랑스러운가.

가을이 나뭇잎을 살며시 물들이고 있다.

아름다운 단풍으로 오래도록 남아 있고 싶지만 바람이 그냥 두지 않을 것이리라.

조용히 눈을 감고 기도를 드려본다.

'이때까지 주어진 삶에서 최선을 다하도록 힘을 주셨던 하나님!

나의 갈 길을 다 갈 때까지 주어진 곳에서 최선을 다할 수 있게 힘과 용기를 주시고, 또한 감사의 기도가 멈추지 않게 해 주시옵소서'

박하사탕

내가 깨물고 있는 사탕 한 알
잠결을 깨우듯 화하게 스며들어
몽실 몽실 뭉게구름
어머니 포근한 손길인 듯 하얗다

내가 깨물고 있는 사탕 한 알
혀끝에 살짝 내려놓으면
봄바람이 내 입으로 화하게 스며들어
연분홍 꽃잎으로 곱게 피어난다

다시 또 사탕 한 알 입안에 넣고

눈꺼풀 살짝 내려놓으면
파아란 하늘 황금빛 무지개
함께 거닐던 꽃길의 파라다이스
눈 뜨면
거짓말처럼 사라지는 순간들

박하사탕이 가득한 유리병은
홀로 앉은 채 입을 크게 벌리고 있다
채워도 채워도
자꾸자꾸 생기는 내 욕심처럼

3장

사랑하기 딱 좋은 나이

친구에게

오월.

새순과 더불어 생기가 나는 풋풋함을 자랑하는 계절,

꽃과 나무들이 만개하여 천지가 아름다운 신록의 계절이 왔네.

조국 근대화의 기치 아래,

우정이 깃든 청구 언덕에서 청운의 푸른 꿈을 키웠고,

이리 뛰고 저리 뛰며 세상을 주름잡던

자네와 내가 아니던가.

떨치고 일어나시게.

찬란한 아침햇살을 가슴에 안고 저 새소리들의 합창을

들으며,

푸른 하늘과 숲, 그리고 아카시아의 꽃내음을 가슴에 가득 담으러 가세.

맑게 흐르는 시냇가에서 우리들의 무거웠던 발과 손을 씻으면

추억들은 가슴속에서 아름다운 그리움으로 남아 있지 않겠는가.

새벽이 밝아오네

고희가 지났다고 누가 우리에게 가을이라 말했던가.

그렇지 않다네

만물이 약동하는 신록의 계절 오월 속에 우리가 살고 있지 않는가.

벌떡 일어나서 병상을 높이 들어 골짜기에 던져버리고

저 숲보다 더 푸르고, 장미꽃 보다 더 붉게 타오르던 그대의 가슴을 다시 한 번 보여주시게.

오월의 은총은 지금도 골고루 베풀고 계시니깐 말일세.

부활

가끔씩 시간이 여유로울 때는 기원을 찾아가서 바둑을 두는데 이때 친구와 두는 바둑은 처음부터 죽기 아니면 살기로 싸움을 한다.

보통은 집을 짓고 난 다음 싸움을 해서 몇 집 정도로 이기거나 지지만 우리는 초장부터 이판사판 싸움부터 시작한다.

이러한 바둑은 왕창 이기거나 왕창 무너지기 때문에 스릴이 만점이다.

칙실한 불교 신자인 친구는 바둑 둘 때만큼은 기독교 신자인 나보다 훨씬 좋은 문자를 쓴다.

"죽었다가 사는 것은 예수하고 바둑 밖에 없다"

잡았다고 생각하고 조금이라도 방심하면 여지없이 공격을 당하는데 수세에 몰리다가 역전으로 기울기라도 하면 싱글벙글하고 계속 중얼중얼 거리면서 끝날 때까지 이 말을 반복한다.

인류 역사상 죽었다가 다시 살아나신 분은 예수님 외에는 아무도 없다.

예수님께서 돌아가셨다가 3일 만에 다시 살아나심으로 우리에게 소망을 주셨지만 그분을 돌아가시게 만든 것은 인간들이었다.

생각이 틀리고 자기들에게 불이익이 돌아온다는 생각을 가진 유태인들이 예수를 십자가에 손과 발에 못을 박고 머리에는 가시관을 씌우게 하여 최대의 고통으로 죽임을 강행하였다.

유태인들에게는 자기들대로의 뿌리 깊은 종교관이 있었다.

하나님 외에는 다른 신이 없다고 믿고 있는 그들에게, 예수님이 하나님의 아들이면서 그분과 동격이란 말은 유태인들로서는 납득할 수가 없었으리라 생각된다.

특히 예수께서 제사장들의 잘못을 꾸짖기도 하시고 앞으로 나아갈 방향을 제시하셨을 때, 지식인이라고 자칭하는 그들로서는 참기 힘든 모욕감을 느꼈을 것이며 또한 그들 집단의 큰 훼방자로 여겼을 것이다.

그렇다면 예수를 십자가에 못을 박고 죽인 그들로서는 죄의식을 느끼기는커녕 당연히 해야 할 일을 했다고 할 것이다.

그 당시 예수님을 십자가에 못 박던 현장에 내가 있었다면 어떠했을까.

나의 종교를 버리고 그분의 말씀을 믿을 수 있었을까?

그렇지 않았을 것이다.

그분이 하나님의 아들이라고 해도 믿지 않았을뿐더러 오히려 십자가에 못 박는 데에도 동참했으리라 생각된다.

나의 성격상 칼과 창으로 찌르지는 않았겠지만, 헛소리를 하고 하나님을 모욕한 사람을 잘 죽였다고 손뼉을 치지 않았을까 생각하니 아찔하고 현기증이 날 것 같다.

그때 그 자리에 있지 않고 오늘 이 자리에 있게 된 것이 얼마나 다행스러운지, 그리고 지나간 모든 것을 성경을 통해서 읽고 깨달을 수 있음에 감사할 뿐이다.

예수님께서는 피 흘리시면서 돌아가시는 순간에도 자기를 알아보지 못한 그들을 위하여 기도하셨던 것이다.

"아버지 저들을 사하여 주옵소서,

자기들이 하는 것을 알지 못함이니이다."

(누가복음 23:34절)

지식인으로 자칭하는 랍비들과 제사장들은 아무도 예수를 하나님의 외아들이라고 알아보지 못하였던 것이다.

뿐만 아니라 예수님을 따라다니던 제자들도 그 순간에 외면하였으니 오늘을 살아가는 우리에게 그분이 유일하신 외아들인 것을 성경을 통해 한눈으로 읽을 수 있게 해주심에 감사드리고 또 십자가의 사건과 같은 자리에 있지 않게 해주심도 감사드려야겠다.

조용히 눈을 감고 기도드려본다.

'죽음을 이기시고 부활하셨던 주님!

저희를 불쌍히 여기시사 시험에 들지 않게 해 주시옵소서!

우리는 미약하기 때문에 시험을 당하면 이겨낼 자신이 없나이다.

십자가의 사건 같은 현장에도 가지 않게 도와주시옵소서'

오늘 바둑은 살짝 져 줄까 싶다.

친구가 이겼다고 좋아하면서, "죽었다가 살아나는 것은 예수하고 바둑 밖에 없다"라고 중얼중얼 거리며 신이 나서 싱글벙글하는 모습이 종일 이어지도록 말이다.

그대와 나

바람에 밀려온 구름같이
운명처럼 그렇게 만났지

꼭 잡은 두 손은 내일을 다짐하고
뜨겁던 가슴은 미래를 위한 꿈으로 가득 채웠다

꿈길의 끝이 어디쯤인지 모를지라도
우리는 함께 하리라 약속했지

슬픔과 절망의 휘청거림이 있어도
되돌아갈 수 없는 인생길이기에

함께 운명을 재단하며
추스르고 다시 일어났다

파노라마처럼 펼친 풍경으로
함께 살아온 세월이
너무나 귀하고 소중하기에

황혼의 들녘에
들국화 향기 같은 아름다운 사랑으로
주름진 두 손을 다시 꼭 잡아본다

남자의 눈물

인간은 여러 가지의 감정을 가지고 있다.

기쁨도 있고 슬픔도 있지만 그것을 가장 잘 표현하는 것이 눈물인 것이다.

눈물은 감성이 많은 여자들에게 많은 것이지만 남자도 눈물을 흘린다.

다만 남자라는 이유 때문에 겉으로 우는 모습을 남에게 보이지 않을 뿐이다.

눈물이 나면 하늘을 쳐다보면서 눈물을 삼키기도 하고 가슴속으로 운다.

남자가 운다는 것이 부끄럽게 여겨지고 있는 것이 관습이기 때문이다.

남자의 눈물을 누가 막았더란 말인가.

사나이로 태어났으면 세 번만 울어야 한단다.

태어나면서 우는 게 첫 번째요. 두 번째는 군대 갈 때 한 번 울고, 세 번째는 부모님이 돌아가셨을 때만 눈물을 흘려야 한단다.

그 옛날 군대에 갈 때는 살아서 돌아오기가 쉽지 않던 전쟁 때였으니 어찌 눈물이 나오지 않았겠는가?

꽃다운 청춘을 제대로 한번 피우지도 못한 채 죽을 수도 있었기에 그때는 울어도 좋다고 말한 것 같다.

그 외에 우는 것은 대장부의 나약함을 보이는 것이라고 항상 말씀하셨기에, 남자들은 감성을 억제하면서 눈물을 멀리하였던 것이다.

남자도 눈물이 나올 때 울어야 한다.

소리 없이 울 것이 아니라 닭똥 같은 눈물을 흘리며 엉엉 소리 내어 울어도 좋다.

온갖 고통과 역경을 딛고 최후에 승리를 한 사나이의 눈물은 참으로 고귀하고 아름다운 것이 아니던가.

두 뺨을 타고 주르륵 흘러내리는 눈물을 보면 보석처럼 영롱하고 아름답기가 한량없다.

더구나 엉엉 소리 내어 울 때에는 표현하지 못할 정도의 환희를 느끼기도 하는데 그 순간만은 참으로 진실된 것이기에 모두와 다 같은 마음으로 동화되는 것이다.

남자가 이런 때는 속으로 운다.

사랑을 이루지 못하고 안타깝게 헤어졌던 그녀가 행복하게 잘 살기를 간절히 바랐지만, 너무나도 초라하게 살아가는 모습을 바라볼 때 남자는 운다.

술잔을 부여잡고 속으로 운다.

수 십 년을 보석보다 아끼고 아끼던 사랑하던 딸을 시집보내놓고 돌아선 아버지는 운다.

부디 잘 살아야 한다면서 속으로 운다.

막내아들 장가보내고 많은 것을 물려주지 못 했을 때 아버지는 운다.

막걸리 잔을 기울이면서 미안한 마음에 속으로 운다.

병상에 누워있으면서 찾아오지 않는 자식들을 생각하며 아버지는 운다.

나는 괜찮으니 너희들은 잘 살아야 한다면서 속으로 운다.

넘어졌을 때도 아픔을 참아야 했고 슬픔을 당해도 슬프지 않는 척해야 했으며, 분통한 일도 참았고 억울한 일도 삭이면서 속으로 우는 것이 남자들이다.

월남전에 참여했다가 부산 항구에 도착했을 때 나의 부모님께서 마중을 오셨다.

전쟁터에 아들을 보내놓고 하루도 편하게 주무시지 못하셨고, 새벽마다 교회에 가서 '우리 아들 무사히 돌아오게 해 주십시오' 라고 하나님께 매달리셨던 부모님이시다.

저만치 떨어져 있던 부모님께 달려가서 인사를 드렸다.

"어머니! 잘 다녀왔습니다. 충성"

군복을 입었기에 거수경례하는 나에게 어머니는 두 손을 잡고 우신다.

"에이고, 하나님! 감사합니다, 에이고 감사합니다"고 하시면서 우신다.

기도하는 것이 아니고 그냥 독백처럼 계속 "감사합니다"를 되뇌면서 우신다.

"어머니! 멀쩡하게 잘 돌아왔잖아요"

나의 위로도 소용없이 자꾸자꾸 우신다.

어머니 뒤에 계시던 아버지께서는 아무 말씀도 안 하시고 그냥 눈물만 흘리고 계셨다.

그 모습을 본 순간 나도 따라서 눈물을 흘렸다.

사나이는 절대로 울지 말라고 하시던 아버지의 눈물을 그 때 처음 보았었고, 그 후로 아버지께서는 돌아가실 때까지 한 번도 눈물을 보이시지 않으셨던 것이다.

아버지와 같이 눈물을 참고 속으로 삭이는 것이 좋을지, 그렇지 않고 감정대로 엉엉 우는 것이 더 좋은지 알 수 없지만 남자의 눈물은 고귀하고 아름다운 것임은 틀림없는 것이다.

아버지

오래전 아버지가 흘리셨던 눈물은
염전 같은 짜디짠 사랑이었다

아버지의 사랑 속에는
자식을 위해 농사를 짓고
풀을 베며 장작을 패고 난 후
이마에 흐르던 땀방울이 남긴
허연 소금기였다

이제 아버지의 자리에 내가 앉아
낡은 앨범 속에 담긴 사진들을 꺼내 보니

월남전에 참전했다가 부산항에 도착하던 날
너무도 반가움에 할 말을 잊으시고
뜨거운 눈물만 흘리고 계시던 아버지

그 눈물을 다시는 볼 수 없지만
나에게 가르쳐 주신 단 한 가지
남자는 절대 울지 말 것이 아니라
연민과 사랑이 담긴 눈물은 흘려도 된다고

남의 불행이 나의 행복

남의 불행이 자기의 행복이 될 수 있을까?

살아가면서 불행과 행복은 항상 함께 존재하는 것 같다.

마치 경주를 하듯이 서로 마주 보며 불행이 달려오는 듯 하다 보면 어느 날은 행복이 달려오는 것이다.

자기 스스로 불행해지는 것을 원하는 사람은 아무도 없다.

또한 남들이 불행해지는 것을 원하는 사람도 없을 것이다.

더러는 시기심 때문에 '사촌이 땅 사면 배가 아프다'고 하지만 사촌이 땅을 팔고 망해버리면 좋아할 사람은 더구나 없다.

그러나 동물의 세계를 보면 남의 불행이 나의 행복이 될 수도 있구나 하고 생각할 때가 있다.

물소들이 강을 건너서 저쪽 초원으로 가려고 하는데 기다리고 있던 악어가 공격해서 잡아먹으면 물소의 불행이 악어의 행복으로 이어진다.

그뿐 아니라 무리를 이탈한 물소를 사자가 공격하면 마찬가지로 사자는 행복해진다.

그런데 이런 것들이 스포츠 경기에서도 적용된다.

축구 경기 중에 상대방이 자살골이라도 넣으면 그쪽에서는 불행하거나 말거나 우리는 즐거워하고 행복해 한다.

실수를 했던 선수에게는 미안하고 잔인한 것 같으나 그 순간의 장면 이야기가 나오기만 하면 그냥 신이 나고 즐겁다.

골프도 자기가 잘 쳐서 이기는 경우가 많지만 상대가 실수를 함으로써 이기는 경우가 허다하다.

PGA 골프 대회에서 2등으로 끝나는 줄 알았는데, 조금 후 결과를 보니 1등이 되어있었던 것은 마지막 라운드에서 상대의 실수 때문이며 그의 불행이 자기의 행복으로 이어지는 순간이 된다.

내가 잘 친 것보다 남이 벙커에 들어가거나 워터 헤저드에 들어가면 그렇게 즐거울 수가 없다.

혹시 상대가 OB라도 나게 되면 안타까운척하면서 “샷은 좋았는데…”

“저런 조금만 안쪽으로 왔으면…”라고 하지만 그 표정을 살펴보면 좋아하는 모습이 눈에 확 들어온다.

상대 선수가 벙커에서 빠져 나오지 못하면 하나 둘 셋… 속으로 낄낄거리면서 좋아하는 사람이 대부분이다.

누군가가 말했다.

골프는 신사 운동이라 했지만 내면을 들춰보면 그렇지 않다는 것이다.

친구와 같이 간혹 골프를 칠 때면 내가 분명히 잘못 쳤는데도 굿샷이라고 말하고는 돌아서서 씨익 웃는다.

OB라도 나게 되면 싱글벙글 즐거움을 감추지 못하고 “남의 불행이 나의 행복”이라고 말한다.

그래도 그렇게 말하는 것은 너무하지 않느냐고 하면 “너무 솔직해서 미안하다”라고도 말한다.

반대로 내가 컨디션이 좋아서 공을 잘 치게 되면 친구는 시무룩해져서 말도 하지 않는다.

자기가 최선을 다해서 이길 생각은 안 하고 상대가 실수함으로 이길 생각하는 것은 무슨 심술인지 알 수가 없다.

심성이 고운 친구는 차를 운전하며 가는 도중에도 길을 건너기가 힘든 노인을 보면, 차에서 내려 손을 잡고 건너주고 지나간다.

손수레를 끌고 언덕을 올라가는 할머니가 힘이 든다고 끝까지 밀어주고, 식사라도 하라면서 주머니에 푼돈도 넣어주고 오기도 한다.

우리가 다녔던 학교에 장학금도 제일 많이 기부하기도 하고, 주위에 불행해 보이는 사람들을 그냥 지나치는 법이 없다.

그런데 골프를 치기만 하면 상황이 달라진다.

자기가 잘못 치면 말도 잘하지 않다가 남이 잘못되면 좋아서 어쩔 줄을 몰라 하며 오늘은 너무 행복했기 때문에 저녁 값은 자기가 낸다고 한다.

친구 기분 맞추기는 일도 아니다.

내가 일부러 OB라도 날려주면 한참을 행복해하는 그 친구를 보면서 나도 덩달아 행복해지니 말이다.

그러고 보면 '사촌이 땅 사면 배가 아프다'는 속담이 친구와 나의 마음속에서는 존재하지 않는 것이 분명해진다.

오늘도 불행과 행복이 우리 곁을 따라다녔던 하루였지만 언제나 불행은 행복을 위한 조연의 역할을 하고 있다는 것을 깨닫게 되는 것이다.

복권 당첨

나는 간혹 복권을 산다.

지난밤에 꿈이 좋아서 살 때도 있고, 왠지 예감이 좋아서 살 경우도 있는가 하면 때로는 요행을 바라서 사기도 하는데 복권을 살 때는 그냥 사는 것이 아니다.

당첨되면 전부다 좋은 일에 쓰겠다고 마음속으로 기도를 하고 사는데 그 쓸 곳을 생각만 해도 즐겁다.

우선 K 양로원에 갖다 주고, S 고아원에도 갖다 주자.

그다음에는 학교에 장학금도 좀 내고, 우리 교회가 건축을 하고 있는데 교회 헌금도 해야지라고 생각하면서 복권을 사고 나면 왠지 일주일 내도록 즐겁다.

특히 서울로 출장 가는 날이면 서울역 지하도에서 몇 장을 사는 것이 버릇처럼 되었다.

복권은 꼭 당첨된다기보다 희망을 가지는 것이 좋아서 산다는 말이 옳을 것 같다.

당첨되기만 하면 하는 바램이 마음을 든든하게 해주기도 하지만 그 상상은 더없이 즐거운 것이다.

당첨되는 것이 하늘의 벼락을 맞기보다 훨씬 어렵다고들 하는데 간혹 행운을 차지하는 사람들도 있다.

고액의 복권에 당첨된 사람들을 상대로 설문조사한 결과 80%가 불행해졌고 20%만 행복한 생활을 한다고 발표된 바 있다.

불행해진 사람들은 갑작스런 변화로 인하여 별별 희한한 일들이 일어났을 테고 또한 그 변화를 감당하지 못 했을 것이다.

그러나 행복하다고 한 사람들은 당첨금의 일부 또는 전부를 사회 복지시설이나 불우한 이웃에게 기부한 사람들이라고 한다.

벼락 맞기보다 훨씬 어렵다던 복권이 당첨되었다.

그것도 일 억씩이나 된다.

주택은행에 가서 수표 몇 장으로 받았다.

안주머니에 넣고 나오는데 실감이 나질 않아서 주머니를 만져 봤다.

승용차를 몰면서도 또 만져봤는데 분명히 손에 잡힌다.

이 돈을 어디부터 쓰지? 평소 생각한 데로 우선 양로원부터 기부해야지. 그리고 고아원도 가고…….

그런데 욕심이 난다.

지금 타고 있는 승용차가 너무 낡았는데 차부터 바꿔야지, 아파트 불입금이 아직 남아 있는데 그것도 갚아 버리자, 친구한테 빌린 돈도 조금밖에 남지 않았는데 그것도 갚지 뭐, 갈등이 생기기 시작한다.

그렇게 하자! 이번에는 내가 먼저 쓰고 다음에는 틀림없이 좋은 곳에 쓰지 뭐.

복권도 몇 장만 사는 것이 아니고 많이 사서 크게 당첨되면 그때는 전부 기부하기로 하자.

내가 기부 안 하려는 것이 아니고 다음 때까지 조금 늦출 뿐인데 뭐.

이번에는 내가 필요한 곳에 먼저 쓰기로 마음을 정한 다음 주머니를 또 만져봤다.

분명히 수표가 손에 잡힌다.

이 생각 저 생각을 하면서 차를 운전하는데 앞서가던 차가 갑자기 멈췄다.

나는 여지없이 앞차를 박았고 낭떠러지로 굴러떨어진다.

~ 아앗!

"여보! 왜 카노! 자다가 밤중에 소리 지르면 옆에 사람 어쩌라고"

아내가 나를 흔들어 깨우는 바람에 나는 일어나 한참 동안이나 멍하게 앉아 있었다.

어깨도 만져보고 다리도 만져봤는데 아무런 이상이 없다.

지난주에 서울 출장 갔다가 지하도에서 복권 넉 장 산 것이 전부 다 끝자리 번호도 하나 맞지 않았던 것이 기억난다.

조금 전에 복권 당첨됐던 꿈도 기억이 난다.

나에게 돈이 주어졌다면 분명히 꿈과 같은 방법으로 돈을 썼으리라 생각이 된다.

자동차, 아파트, 빌린 돈…….

그러고 보니 사업에서도 그랬었다.

이번에 공사가 낙찰되면 남는 수익금으로 어디 어디 좋은 곳에 쓸 것이다 생각해놓고, 막상 공사를 수주받았을 때는 어디 이행한 일이 있었던가.

원가가 많이 들어가서 수익이 없었다느니, 조금 남는 공사에서는 다음 공사 때 다시 투자해야 된다느니 이 핑계 저 핑계를 대면서 지나온 세월이 한두 해가 아니지 않는가?

복권 당첨으로 생긴 돈은 공짜니까, 없는 샘치고 전부 이웃을 위해 쓰겠다고 기도했지만, 막상 주어지면 나는 기도대로 이행할 자신이 없어진다.

이행하지 못한다면 나 자신이 시험당하고 죄만 짓는 것이 아닌가?

돈은 있어도 되고 없으면 조금 불편할 뿐이라고 하던데 기부하려면 작은 정성이지만 내가 가진 돈으로 하는 것이 정상이 아니겠는가.

그렇다고 보면 복권이 당첨되지 않고 이대로 살아가는 것이 훨씬 좋지 않을까 싶어진다.

눈을 감고 한참을 멍청히 앉아 있다가 기도를 드리기 시작했다.

오, 하나님! 나에게는 절대로 복권 당첨 안 되게 하옵소서!

그래도 꼭 주시려거든 만원 미만으로 당첨되게 해 주시옵소서.

– Amen –

술

중국 당나라의 시인 이태백은 천 편의 시를 쓰면서 천 잔의 술을 마셨다고 하는데, 그의 시 중에서 월하독작(月下獨酌)이라는 시를 읽어본다.

하늘이 술을 사랑하지 않았다면/ 주성(酒星)이 하늘에 있지 않을 거고,/ 땅이 술을 사랑하지 않았다면/ 땅에 주천(酒泉)이 없었을 거야./ 하늘과 땅도 술을 사랑했으니/ 내가 술 사랑하는 건 부끄러울 게 없지.

이백은 달빛 아래서 홀로 술을 마시면서 도를 얻었으나 나는 술을 먹으면 간이 부어오르는 모양이다.

평소에는 얌전하다가도 술을 먹고 들어오는 날에는 말도 많아질 뿐 아니라 평소 하고 싶은 말을 전부다 해 버려 다음날에는 변명하느라고 곤혹을 치루기도 하고 어떨 때는 아내 모르게 숨겨두었던 비자금도 기분이 좋아 다 말해버리고 정작 내가 비자금이 필요할 때 돈을 못 쓰는 경우가 무수히 많다.

아! 그러고 보면 술은 정말 요사스러운 악마의 액체인가 보다

술의 역사는 정확히 알 수가 없지만 내가 알고 있는 지식으로는 원숭이들이 과일을 따다가 오목한 곳에 저장해 두었던 것들이 시간이 지나면서 썩어 발효한 것을 먹어본 인간이 최초로 술에 접했다고도 한다.

문헌으로서 가장 오래된 것이라면 성경을 들 수가 있다.

창세기를 읽어보면 '노아'에 관한 이야기가 나오는데, '노아'가 포도나무를 심었고 그 열매로 만든 포도주를 마시고 취해서 벌거벗고도 부끄러움을 몰랐다고 한다.

그렇다면 '노아' 이전에 것은 대 홍수로 전부 멸망되었으니 '노아'로부터 인류가 다시 시작되는 것인데, 인류가 시

작되는 그때부터 포도나무를 재배하였고, 포도주의 제조 방법을 알고 있었던 것이 된다.

더 자세히 읽어보면 술 취한 '노아'의 사건 때문에 인류에게 비극이 시작된 걸로 기록되고 있다.

'노아'가 술이 취해서 벌거벗고 잠이 들었는데 그의 아들 중 하나가 보고 그것을 다른 형제들에게 이야기를 했던 것이다.

다른 형제들은 그 모습을 보지 않으려고 보자기를 들고 뒷걸음으로 가서 그 하체를 덮었던 것이다.

이 사실을 알게 된 '노아'가 화를 내면서 자기의 하체를 본 아들에게 저주를 하게 된다.

'너와 네 자손들은 형제들의 종이 될 것이다'라는 무서운 저주였는데 이것 때문에 인류 최초의 비극인 종과 상전의 구분이 시작된 것이다.

술 취해서 간이 커지면 나쁜 것만 있는 것은 아니다.

전쟁에 나가서 죽음의 공포가 있을 때 술을 마시고는 용기가 생겨 꽹과리를 치면서 진격했다는 이야기는 너무나도 유명하다.

죽음이 임박했을 때 술을 마실 수만 있다면 마시고 취한 가운데 생을 마감하고 싶다고 말하는 이도 있다.

공포에서 잠시라도 벗어나고 싶을 때는 술이 약이 될 수도 있다.

술에 취하면 고약한 버릇이 있는 사람도 있다.

평소에는 말이 없고 기운도 없어 보이다가 술만 들어갔다 하면 정열적인 사람으로 변한다.

그 이유를 살펴보니 가난하고 배운 것이 없이 남들 뒤에서 항상 수동적으로 살아가다가 취하면 능동적으로 변하고 또 모든 사람들 위에 군림한 것 같은 생각에 빠지게 되다가 현실로 돌아왔을 때의 자기 모습이 너무나 싫어서 착각이라도 좋다면서 그 세계를 가기 위해 다시 술을 마시게 된단다.

취했을 당시의 행복해하는 모습을 보고 못 마시게 할 자신이 없어지기도 한다.

술 취한 가운데 훌륭한 일을 했다는 말은 어디에서도 찾아볼 수가 없다.

'술 취하지 마라 이는 방탕한 것이니' 라는 성경 말씀이 있는가하면

'사람이 술을 먹고 다음은 술이 술을 먹게 되고 나중에는 술이 사람을 먹게 된다' 는 속담도 있다.

개화기에는 술 먹지 말라는 계몽적인 노래들도 많이 있는데 금주가의 일부를 소개해 본다.

패가망신 될 독주는 빚을 내서 마시면서
자녀교육 위하여는 일전 한 푼 안 쓰려네
아 ~ 마시지 마라 그 술
우리나라 복받기는 금주함에 있느니라

그러나 배가 고플 때에 막걸리 한 사발을 마시고 나면 속이 든든해지고 기분도 좋아져 일하기가 좋다는 농부들의 이야기에서 막걸리는 농주라는 이름으로 자리 잡고 있는 우리나라 고유의 술이기도 하다.

쌀로서 만든 발효주인데 유산균이 많아서 소화에 좋다면서 애용하는 사람들도 많다.

조금 취해서 집에 들어온 어느 날에 어머니의 야윈 손을 잡고 엉엉 울기도 했다.

평생 자식들 잘 되라고 두 손을 모으고 기도하시던 손이다. 그뿐만 아니라 안아도 보았다.

조그마한 체구에 너무 많이 야위신 어머니를 꼭 껴안으면 으스러질 것 같아 조심스럽게 안아보았다.

"어머니! 사랑 합니다"라고도 했다.

어머니를 사랑하지 않는 사람이 어디 있으랴만 사랑은 마음으로 하는 것이지 말로 하는 것이 아니라고 하던 그때의 시절이었으니 말이다.

취하지 않는 평소에 어머니 손을 잡기도 하고 안아도 보고 '사랑합니다.' 고 말했더라면 얼마나 좋았으련만 그러지를 못했었다.

돌이켜 보면 취해서라도 어머니를 사랑한다고 말했던 것이 얼마나 다행인지 모른다.

그때 한번 이후론 '어머니! 사랑합니다' 라는 말씀을 다시 드리지 못하였기 때문이다.

비 오는
날은

비 오는 날은 막걸리가 생각난다
풋고추와 된장에 친구만 있으면

양철로 만든 탁자와 등받이 없는 의자에 앉아
쭈그러진 주전자로 술을 따르고

이런저런 이야기 나누며
막걸리를 마시고 싶다

손주 자랑도 좋고
사랑 이야기도 좋다

허풍을 떨어도 좋고
똑똑한척해도 좋다

슬픈 이야기할 때는
창밖에 비를 바라보며 무심코 술잔에 손이 가리라

친구가 없으면 주모와도 이야기하고
그도 아니면 혼자라도 중얼중얼 거리며

보슬비도 좋고 소낙비는 더욱 좋다
빗줄기를 바라보며 막걸리를 마시고 싶다

가물치의 눈물

저녁 무렵에 동생이 가물치를 한 마리 가져왔다.

"낙동강 수해지구 공사를 하는 중 큰 웅덩이를 메우다가 그 속에서 잡은 고기인데 형님 생각이 나서요, 몸보신하세요."

동생은 싱긋이 웃으면서 잡아온 고기를 내게 건넨다.

아주 굵은 놈은 아니고 중간 정도 되는 크기였는데, 커다란 비닐봉지에 풀과 물을 조금 넣고 가져온 가물치를 넓은 고무 통에 옮겨 넣고 물을 가득 부어주니 마치 물 만난 고기인양 그렇게 좋아할 수가 없다.

내일이면 매운탕이 될 자신의 운명도 모르면서 우선 살아서 숨 쉬고 움직일 수 있는 것을 좋아하는 가물치를 들여다

보니 애처롭다는 마음이 든다.

조금 있으니까 생기가 돋아나는지 펄쩍 뛰어보기도 한다.

밤중에 전등 불빛 아래 엎드려 있는 가물치를 자세히 들여다보았다.

잠을 자고 있는 것 같기도 하고 아니면 비닐보다 넓은 고무 통 속이라서 크게 숨을 쉴 수 있음에 안도하며 조용하게 쉬고 있는 것 같기도 하다.

어쩌면 내일 죽어야 할 자신의 운명을 예감하고 조용히 울고 있을지도 모른다.

가물치에게도 눈물이 있을까?

눈물은 사람에게만 있는 것인 줄 알았는데 그렇지 않았다.

초등학교 다닐 때였다.

집에서 기르던 암소가 새끼를 낳고 4개월쯤 지나던 어느 날, 아버지께서 어린 송아지를 장에 내다 팔려고 몰고 나갔었다.

그때부터 며칠 동안 어미 소는 큰소리쳐 울었고 눈에서 눈물을 뚝 뚝 흘리고 있는 것을 보았다.

나는 어린 송아지를 팔러 가신 아버지가 원망스럽기도 했고, 또 새끼 잃은 어미 소가 너무나 가여워서 불쌍한 마음에 눈물을 감추지 못한 적도 있다.

그렇다면 지금 가물치도 울고 있지는 않을까?

자유롭게 헤엄치며 강을 오르내리던 그때가 생각나고 다시는 돌아갈 수 없음을 알고 있을 것이다.

오늘 밤이 지나고 내일이면 죽으리라 생각하며 마지막 눈물을 흘리고 있는 것이 분명하다.

아니야! 그런 것이 아니고 다시 살려달라고 애원하는 눈물을 흘리고 있을지도 모른다.

세상에 태어나서 부부의 연도 맺고 새끼도 낳아봐야 하지 않겠느냐 면서, 살려줄 것을 간절히 바라면서 울고 있는 것 같았다.

이런저런 생각을 하니 가물치가 너무나 불쌍하고 애처로워 살려주기로 마음을 먹고 아내에게도 동의를 구했다.

내일 아침 일찍 신천에 돌려보내기로 생각히고 잠을 청했으나 잠이 오지 않는다.

다시 가물치가 있는 곳으로 가서 내일 돌려보내 줄 테니

걱정하지 말라고 이르고 나니 가물치 보다 내 마음이 더욱 편안하다.

다음날 아내와 나는 고무 통에 들어있는 가물치를 신천의 가장 깊은 곳으로 가져갔다.

던져주려고 들여다보니 살려주는 것을 아는지 펄쩍 뛰면서 눈물을 흘린다.

이번은 감사의 눈물인 것 같다.

'부디 사람에게 잡히지 말고 잘 살아라' 하고 던져 주었더니, 금방 물속으로 사라져 버리고 다시는 볼 수가 없었다.

우리는 그 자리에 한참을 서 있다가 돌아왔다.

어쩌면 우리들이 돌아가는 모습을 그놈은 저 멀리서 지켜봤을지도 모른다.

물속에 들어간 가물치가 마음껏 헤엄을 치면서 감사의 눈물을 흘릴지, 죽을 고비를 넘기고 다시 살아남에 기쁨의 눈물을 흘릴지, 아니면 동료들에게 살아왔음을 알리려고 그들을 찾아갔는지 알 수가 없다.

사람들이 잡았거나 기르던 것 중에 물고기나 새 또는 짐승 따위를 강이나 산에 놓아주는 의식을 방생이라고 한다는데 불교 신자인 친구가 매년 방생을 하고 왔다면서 자랑하던 것이 생각난다.

생명을 소중히 여기는 마음도 들었을 것이고 자기로 인해서 많은 생명들에게 참된 자유를 주었다면 얼마나 기뻤을까를 생각해보니 진작부터 방생한 친구가 부럽다는 생각도 든다.

가물치를 잡아서 매운탕을 끓여먹고 건강이 얼마나 더 좋아지고 오래도록 몸보신이 될지 알 수 없지만 그를 살려 보낸 오늘이 훨씬 더 보람되고 가슴 뿌듯한 날이 된 것 같다.

몇 년이 지났지만 지금도 신천 옆을 지나칠 때마다 가물치가 잘 지내고 있을 것 같고, 새끼도 많이 낳아서 무리를 이루고 다니리라 생각해 본다.

지난 과거에 자기가 겪있던 모든 이야기를 새끼들과 동료들에게 들려주면서 '인간들을 미워하지 말라' 고 가르치고 있을 것 같기도 하다.

어쩌면 그들도 서로를 위로하면서 가물치만의 눈물을 닦아줄지도 모른다.

오늘따라 붉게 물든 저녁노을이 더욱 아름다운 신천 강변을 지나면서 자동차의 창문을 내리고 어디쯤에 그들이 있는지 고개를 돌려본다.

그때

라일락 향기 담아오던 오월에
찻집에 앉아 아름다운 음악을 들으며
미래를 꿈꾸며 설계하던
그때는 기쁨이었다

녹음이 울창한 숲 속에서
목표를 향해 이리 뛰고 저리 뛰던
미로의 언덕
그때는 열정이었다

잘 익은 곡식과 열매를 거두어서

이곳저곳 나누며 정담을 나누던
우리들의 보금자리
그때는 사랑이었다

무서리 내리던 그날
꽉 잡은 너의 손에 힘이 점점 떨어지던 그 느낌
짜릿하도록 아파짐은
그때는 슬픔이었다

그 모두가 되돌아갈 수 없는
내 마음속의 도화지에 그려놓을
아름다운 그리움인 것이다

재래시장

가을이 한창인가 싶더니 어느새 겨울이다.

옷장 문을 열어보면 옷이 많은데도 막상 입으려면 마음에 딱 드는 게 별로 없다.

그때마다 지난겨울에는 뭘 입었지 하는 의구심마저 들면서 아내가 백화점에 옷 사러가자 길래 따라나섰다.

화려하게 진열된 곳을 여기저기 구경하면서 옷을 입어보고, 맞지 않으면 벗어놓고 또 다른 걸 입어본다.

물건 고르는 시긴이 얼마 지나지 않아서 하품이 나오고 피로가 엄습해온다.

아무 데나 앉아버리고 싶은데 아내는 장시간 이곳저곳을

다니면서 쇼핑을 즐기고 있다.

백화점에서 일하는 사람들과 수많은 사람들이 드나드는 이곳을 쾌적하다고 하지만 나의 체질에는 맞지 않는다.

차라리 시골 장터나 도시의 재래시장에 가면 생동감이 있고, 사람 사는 냄새가 물씬 풍겨 나오는 것 같아서 그런 곳이 나는 좋다.

친구와 지하철을 타고 칠성시장에 갔다.

지하철 계단을 올라가면 마치 바닷가에 온 듯 비릿한 생선 냄새가 물씬 난다.

통로가 그리 넓지 않은데도 좌판을 벌여놓고 지나가는 손님들에게 물건을 사라고 손짓을 하는데 나는 시장에만 오면 신이나 백화점과는 비교도 안 된다.

마치 여름날 뜨거운 승용차 안에서 파리 한 마리가 맥없이 붙어 있다가, 에어컨을 켜고 시원해지면 쌩쌩 날아다니는 것처럼 시장에만 오면 왠지 신이 나고 즐겁다.

시장 입구에 들어서면 돼지고기 굽는 냄새가 코를 찌른다.

연탄불로 고기를 굽는데 조금 탈까 말까 할 정도로 굽다가 석쇠를 탁 탁 털면 기름이 튀기도 하고 털어지기도 하는데, 고기 굽는 아줌마의 앞치마는 비닐로 만들어져 있어서 툭툭 털어버리면 그만이다.

고기를 납작한 쟁반에 얹어주는데 한 쟁반에 5,000원씩이고 맛이 정말 좋다.

거기다가 소주 한잔 곁들이면 금방 세상이 달라져 보이기 시작하고, 비닐로 앞치마를 두른 아주머니도 삼삼해 보이기 시작한다.

불고기 식당을 지나 조금 내려가면 생선가게가 즐비하다.

갈치와 고등어 위에 연신 물을 뿌리면서 싱싱한 꽁치가 금방 들어왔는데 다섯 마리에 3,000원이지만 여섯 마리를 준다면서 권하는 충청도 아주머니 목소리는 언제 들어도 정감이 나서 사지 않을 수가 없다.

생선가게 뒤쪽으로 조금 가면 죽을 파는 집이 있는데 나 같이 뚱뚱한 사람에게는 죽이 최고의 다이어트 식품이라면서 권한다.

그중에 녹두죽은 열을 내리게 하고, 팥죽은 위장에 좋고,

깨죽은 피부를 좋게 하고 …… 콩죽. 호박죽. 없는 게 없을 뿐만 아니라 마치 만병통치라도 되는 식품인 것처럼 선전한다.

눈을 들어 옆집을 봤는데 '칼제비' 3,500원이라고 적혀 있다.

기다란 나무의자는 잘못 앉으면 한쪽이 버쩍 들려서 넘어질 수도 있기 때문에, 조심스레 앉은 다음 궁금한 '칼제비' 한 그릇을 청했다.

아주머니의 분주한 손길을 거쳐 조금 후 나오는데 보니, 칼국수에다가 수제비의 합작품이 나오는데 칼국수와 수제비의 맛을 동시에 볼 수 있다.

식사를 마친 후 음식골목을 돌아가면 옷집이 즐비한데 골라골라 9,900원이란다.

꼭 필요한 옷도 없는데 괜히 기웃거리다가 한 가지 사가지고 가는 날은 아내한테 꾸중 들을 각오를 해야 한다.

골라서 살 때에는 분명히 필요하다고 생각했고, 물건도 깨끗하다는 자신이 있었는데 집에 와서 입어보면 어딘가 흠이 있어도 있다 보니 아내의 잔소리가 시작된다.

5,000원에 샀다고 해도 소용이 없다.

"돈이 문제가 아니고 내말 안 듣는 당신이 문제란 말입니다."

귓전을 맴도는 아내의 목소리가 생각나 나는 옷을 내려놓고 돌아선다.

그래도 아쉬운 듯 뒤돌아보니 9,900원짜리 체크 남방이 바람에 흔들거린다.

시장 여기저기 기웃거리다 보면 벌써 어둑어둑해지기 시작한다.

골목 뒤에 있는 카바레의 간판은 네온 불빛이 찬란하게 번쩍거리고 안쪽에서 들려오는 '꽃을 든 남자' 노래가 밖에까지 흘러나온다.

한창때 같으면 한곡 땡기고 가겠지만 요즘은 그냥 지나친다.

그래도 뒤따라오는 음악소리에 발을 살짝살짝 밟아보면서 지나간다.

시장 밖 길 쪽에는 언제 벌려 놨는지 포장마차가 즐비하다.

곰장어, 소라, 조개 등을 굽는 냄새가 그냥 지나칠 수 없도록 유혹한다.

해삼과 멍게를 파는 곳은 사과박스를 엎어서 상을 만들어 놓고 의자는 조그마한 스티로폼이다.

멍게와 해삼을 섞은 안주에다 소주 한잔 마시기 시작하면 세상에 부러울 게 없다.

비록 쪼그리고 앉아 먹지만 마음은 온 세상을 다 품고 있는 것처럼 기분이 좋다.

입담이 좋은 아주머니 이야기를 한참 듣다가 문득 어디선가 봤던 시구 한 소절이 생각난다.

나이만 젊다고 청춘이 아니다/ 세월은 피부를 주름지게 하지만/ 열정의 상실은 영혼을 주름지게 한다/ 고개를 높이 쳐들고 희망의 물결을 붙잡는 한/ 나이가 아무리 많을지라도 그대는 청춘으로 남는다.

멍게 해삼 팔아서 자식들 대학 졸업시켰다고 한다.

내년쯤 아들 장가보낼 때까지 한 푼이라도 더 벌어서, 새 며느리와 함께 오순도순 살아갈 희망을 가진 아주머니가 바로 청춘이 아니겠느냐.

친구야 아주머니를 위하여 건배 한번 하자꾸나!
"아주머니의 청춘을 위하여!"

시장에는 각양각색의 상인들이 만들어 내는 눈물과 한숨 섞인 사연들은 백화점이 흉내 낼 수 없는 정서들로 사람들의 냄새를 실컷 맛본 후 저녁 시장의 분주함을 빠져나온다.

꽁치 여섯 마리가 들어있는 시꺼먼 비닐봉지를 흔들면서 사랑하는 아내가 기다리는 집으로 향한다.

사랑하기
딱 좋은 나이

초등학교 친구 몇 명이 묻지마관광을 가자고 한다.

요즘 사회의 문제가 되기도 하여 나는 가야 할지를 망설이자 친구들은 그게 부정적으로만 볼 것이 아니란다.

모르는 사람들이 다 함께 버스를 타고 즐겁게 관광을 하는 것이기에 별로 문제가 될 것이 없으니 가벼운 마음으로 한번 가보자고 한다.

그 말을 듣고 나도 그럼 묻지마관광이 어떤 것인지 체험해보고 싶은 마음에 흔쾌히 허락을 하고 떠나기로 했다.

출발 당일 아침에 일찍 준비하고 나섰으나 8시가 되어서야 성서에 있는 홈플러스 앞에서 버스에 승차했는데 행선지는 여수 오동도라고 했다.

아침식사는 주최 측이 제공한다면서 현풍휴게소에 들어갔다.

이미 다른 곳에서 온 여러 대의 관광버스들이 미리 와서 아침식사를 하고 있었다.

식사 내용을 보니 시래깃국과 김치였는데, 일회용 그릇에다 비닐을 씌워서 국을 퍼 주고 밥은 큰 그릇에 담아놓고 필요한 만큼 담아 가서 먹는 간단한 방법이었다.

밥을 먹는 장소는 버스 주위에 그냥 서서 먹는 사람도 있고 바닥에 퍼질러 앉아 먹기도 한다.

'모든 사람들이 저렇게 먹는데 나도 같이 먹어봐야지' 라고 생각하면서 먹어 보려 했으나, 지나가는 사람들이 나만 쳐다보는 것 같아 먹을 수가 없었다.

배는 고프지만 하는 수 없이 그냥 버스 주위를 서성거리고 있는데 휴게소 안에 있는 물건 파는 곳에서 음악이 계속 흘러나온다.

"아~ 야~ 야~ 내 나이가 이때서 사랑하기 딱 좋은 나인데"라는 노래인데 CD가 이 노래 밖에 없는지 아니면 요즘 유행을 하는 노래라고 그러는지, 자꾸자꾸 이 노래만 들려

준다.

아침식사를 마친 후 뒷정리를 마치자 버스가 여수 쪽으로 출발했다.

버스가 고속도로를 열심히 달리기 시작하자 사회자라는 사람이 나와서는 인사를 겸해 노래를 한 곡씩 불러야 한다면서 한곡 할 때마다 만 원씩 내야 된단다.

아마도 주최 측의 잡수입으로 받는 게 아닌가 싶다.

앞에서부터 차례로 노래를 부르기 시작했는데, 남자 한 분이 최근 유행하는 노래라면서 '내 나이가 어때서' 를 불렀다.

몇 사람 지나고 어떤 아주머니 차례인데 그도 역시 그 노래를 불렀다.

집을 떠나온 자유로움에 흠뻑 젖은 사람들의 노래가 한참을 울리다가 이제는 지쳤는지 진주 휴게소에 잠시 쉰다고 내렸는데 여기서도 똑같은 노래가 열심히 흘러나온다.

유행이라는 게 참 무섭긴 무섭구나, 여기저기서 똑같은 노래를 하는 걸 보니 신기하기도 하다는 생각에 노래를 가만히 살펴보니 노래 곡이 몇 군데가 반복적이기 때문에 따라 부르기가 쉽고, 노래 가사는 사랑했던 연인을 마음속으로 그리워하다가 세월이 흐른 뒤에 나이 든 자신 모습에 실망을 하면서도 아직까지는 괜찮다고 스스로를 위로하는 노래 같았다.

휴게소에서 볼일을 마친 사람들이 하나 둘 차에 오르고 차는 출발했는데 이번에는 차 안에 있는 스피커를 통해서도 이 노래가 흘러나온다.

여수 오동도에 도착할 때까지 그 노래를 수없이 들었으므로 가사를 전부 외우지는 못하지만 포인트 되는 부분은 나도 따라 부르게 되었다.

동백나무로 덥힌 오동도에 도착하자 방파제 위에는 시원한 바닷바람이 불어오고 유람선 기다리는 곳에서 우리는 줄을 서 기다리다 도착한 유람선을 타고 주위를 한 바퀴 여행하는데 한 시간 이상 배를 탔다.

갑판 위에서 경치를 바라보니 하멜등대와 이순신대교도 보이고 거북선과 진남관도 바라보다 선실로 내려오니 여기서도 "내 나이가 어때서" 노래가 나온다.

오후가 지나고 저녁 무렵에 버스를 타고 돌아오는 길은

그야말로 진풍경이었다.

버스 통로가 60cm 정도 되는 곳에서 남녀 구분할 것 없이 춤을 추는데, 여자들이 더 많이 뛴다.

버스가 음악과 같이 출렁인다.

여기서도 템포만 빨랐지 노래는 똑같은 노래다.

너무 시끄러워서 정신이 혼미해져 의자에 기대어 눈을 감고 있는데 "춤추면서 놀려고 왔는데 의자에 앉아있으면 우짭니까"하고 팔을 잡아끄는 아주머니도 있었지만 나는 그대로 앉아있었다.

다른 사람은 신이 나고 재미있는지 몰라도 나는 얼른 차에서 내리고 싶은 마음밖에 없었다.

어떻게 하루가 다 지났는지 밤은 깊어 도시는 불빛으로 가득하고 저녁 9시쯤 집에 도착하니 아내가 재미있었냐고 묻는데 아무 소리도 들리지 않고 귓전에는 마치 매미가 울어대듯이 계속 윙윙거려 멍한 머리를 의자에 젖혀 누웠지만 머리가 이미 세뇌되어버렸는지 계속 그 노래가 떠오른다.

나 같은 늙은이가 이성을 그리워한다는 그 노래를 끝까지 부른다면, 아마도 발악하는 모습으로 보이지 않을까 싶어서 피식 웃음도 나온다.

다음날 일요일 아침 교회에 갔다.

기도를 하려고 눈을 감았는데 어제 있었던 것들만 생각난다.

생각을 떨쳐 버리려고 고개를 좌우로 흔들어 봐도 그 노래만 생각난다.

목사님 설교시간에도 똑같다.

멍청한 시선으로 위를 쳐다봐도, 좌우를 살펴도, 고개를 흔들어도 소용이 없었다.

머릿속 가득 '내 나이가 어때서' 노래에 세뇌된 것을 어떻게 하면 지워버릴 수 있단 말인가.

교회에서의 예배는 망쳐버리고 아내와 함께 집으로 돌아오는 길에 생각이 섬광처럼 떠오른다.

그렇구나! 이성에 대한 것만 아니라면 지금이야말로 사랑하기 딱 좋은 나이가 아닌가!

젊었을 때 몰랐던 모든 것들에 대한 사랑을 이제야 알 것 같고 온 세상 만물도 더욱 사랑스럽게 보이기 시작했지 않느냐.

또래의 동료들이나 나보다 나이 많은 사람들에게도 사랑으로 대하고 싶어지고, 그들이 필요로 할 때는 무엇이던지

도와주고 싶기도 하며, 또한 손자 또래의 아이들을 볼 때는 마치 하늘에서 천사가 내려온 것같이 귀엽고 사랑스럽지 않더냐.

풀 한 포기 나무 한그루 어느 것 한 가지도 귀하지 않는 것이 없고, 심지어 지나가는 세월까지도 아깝고 사랑스러우니 말이다.

성경에도 있지 않더냐.

'믿음, 소망, 사랑, 이 세 가지는 항상 있을 것인데 그중에 제일은 사랑' 이라고 설파했으니 '사랑' 만큼 중요한 게 뭣이 있으랴.

나는 승용차 안에서 큰소리로 노래를 불렀다.

"야~ 야~ 야~ 내 나이가 어때서 사랑하기 딱 좋은 나인데!"

아무런 영문도 모르는 아내가 한마디를 던진다.

"오늘이 주일날인데 평소 안 하던 무슨 그런 노래를 하노!"

나비

오랫동안 기다림이
간절한 그리움의 핀 꽃 위로
살며시 날아가 앉으렵니다

다시 만난 꽃이여
해가 뜨고 달이 뜨고
수없이 많은 날들이 반복되어도
향기 품은 그대에게 늘 머무르겠소

높은 산 넓은 들
그대의 향기 은은히 날려 오면

어디든 그 자리에 훨훨 날아가렵니다

가서
별빛 같은 그대를
비워둔 내 마음 창에 곱게 걸어두겠소

4장

나는 바다가 그립다

홀인원
(Hole In One)

홀인원을 했다.

골프공을 쳤을 때에 한번 만에 홀컵 안에 공이 들어가는 것을 말한다.

홀인원은 누구나 한번 하고 싶어 하지만 뜻대로 되는 게 아니다.

185m 거리의 홀에 한번 만에 공을 넣은 것이다.

특별하게 골프를 잘 치는 것도 아니고, 자주 치는 것도 아닌데도 나에게 요행스런 행운이 와 주었던 것이다.

185m는 상당히 멀다.

Wood 3번으로 공을 쳤는데 앞에 팀으로 가던 동료들이 한꺼번에 함성을 지른다.

내가 교회에 다니는 걸 아는 친구들은 '홀인원이다', '할렐루야다' 라고 소리 질렀다.

18홀 끝날 때까지 만나는 사람마다 축하해 주었고 그 흥분을 감출 수 없었음은 물론이고, 클럽하우스에 도착했을 때는 꽃다발과 함께 기념사진까지 촬영하게 되었다.

홀인원을 한 사람은 3년간 재수가 좋고, 공이 들어가는 것을 본 사람은 1년간 재수가 좋다는 전설 같은 이야기가 있다.

하기 힘든 것을 했기 때문에 한턱 쏘는 것은 기본이라서, 그날 동료들의 저녁 값은 몽땅 내가 지불해야만 했었다.

삼 년간 재수 좋다는 말이 은근히 기대가 되는지라, 커다란 공사라도 낙찰받아서 돈을 많이 벌 것이라 생각했었다.

혹시나 하고 삼 년 동안 계속 기다렸으나 사업은 평년과 같은 수준이었고 특별함은 없었다.

그러나 "스스로 운을 더 좋게 만드는 사람이야말로 진정

위대하다."는 토마스 폴로의 말처럼 몇 년이 지난 지금에야 깨달았지만 홀인원을 한 그로부터 3년 동안 정말로 많은 행운이 있었다.

그중에 가장 큰 행운은, 아들 둘밖에 없는 집에 새 며느리를 둘 다 맞이했던 것이었다.

그것도 최고의 지성을 가진 최고의 미인들만 골라서 맞이했던 것이었으니 말이다.

살아가면서 아이들 결혼 시키는 것보다 큰일이 어디 있겠는가, 딸이 없던 가정에 새 며느리들이란, 마치 싱거운 미역국에 간을 넣는 것 같은 활력소가 되었다.

며느리가 피아노를 치고 온 식구가 모여서 함께 노래를 부를 때는 너무나 기쁘고 즐거웠다.

합창을 하겠다고 준비하던 그때도 너무 행복한 시간이었고, 교회에 가서 온 식구가 합창을 하고 난 후 부러워하는 교인들에게 미안한 마음도 들었다.

이러한 행복감을 느끼는 것이 바로 내가 꿈꿔왔던 이상적인 가정이 아니었나 싶다.

둘째며느리를 맞이할 때쯤엔 천사와 같은 첫 손녀도 태어났으니 경사에 경사가 난 것이다.

되돌아보면 홀인원을 하기 전에도 지나온 날들이 어디 하나 행운이 아닌 게 있었던가.

수많은 공사를 수주받아 깨끗이 끝낼 수 있었던 것도 행운이었고, 철거공사를 하다가 잘못해서 사람이 살고 있는 집이 무너졌을 때에도 한사람 다치지 않았을 뿐 아니라, 2만 볼트 전선줄을 끊었을 때에도 다치지 않고 무사했으니 얼마나 다행하고 감사한 일이냐.

그렇다면 골프를 치지 못할 때부터 지금까지 계속 재수 좋은 홀인원을 하고 있었던 것과 같은 것이다.

삼 년간에 또 삼 년씩. 어제도, 오늘도 살아가는 모든 것이 행운의 연속으로 이루어져 있으니, 어찌 감사하지 않으리오.

해 뜨는 날부터 해지는 날까지 지켜주신 사랑의 하나님!

그저 고맙고 감사할 따름입니다.

낚시

친구와 함께 처음으로 바다낚시를 가기로 했다.

살아오면서 특별하게 낚시에 취미가 있거나 또는 낚시터에 가본 적이 없는 나로서는 참으로 설레는 일이었다.

TV에서와 같이 낚시를 드리웠다가 걸리기만 하면 쭈우욱 당기는 멋진 모습을 상상하면서 따라나서기로 했다.

출발 전, 가방에 짐을 챙기면서 오늘 먹을 매운탕에 들어갈 재료들과 싱싱한 횟감에 어울리는 맛있는 초장도 준비하고 출출하면 끓여 먹을 라면도 빠짐없이 챙기면서 즐거운 마음에 콧노래까지 부른다.

대구를 벗어나 경주를 거쳐 감포에 도착하는 동안 우리는 즐겁게 이야기를 나누었고 드디어 도착한 감포 앞 바다에는 잔잔한 파도가 바위에 부딪치면 하얀 포말을 일으키는 사이를 갈매기들이 무엇을 즐기는지 노래하며 날아다니는 모습이 한 폭의 그림과 같았다.

낚시를 드리우고 다시 주위를 살펴 보았다.

맑은 하늘에 시원한 바람까지 불어오는 유월의 바닷가는 하나님이 지으신 자연의 세계가 너무 아름다워 찬양이 저절로 나온다.

그러나 자연환경에 도취된 것도 잠깐이다.

낚시에 고기가 잡혀야 재미가 있을 텐데 고기가 잡히지 않는다.

낚시는 앉아서 기다리는 인내가 필요하지만 나는 좀이 쑤셔서 도저히 가만히 앉아있을 수가 없다.

그래도 친구는 인내심이 강해서인지 낚시에 걸린 고기를 낚는 손맛을 기다리는지 계속 쭈그리고 앉아 있다.

한참을 이리저리 왔다 갔다 하다가 친구에게로 가보면 정작 고기는 한 마리도 잡질 못하고 있다.

시간은 점점 지나고 있는데 도무지 고기는 입질이 없고 아무래도 친구가 고기를 못 잡는 게 아니라 이 근처 바닷속에는 고기가 있을 것 같지 않다는 의구심조차 든다.

기다려도 고기는 나오지 않고 배에서는 쪼르륵 신호를 요란하게 보내고 있다.

하는 수없이 라면을 끓여 먹는데, 시장이 반찬이라고 했나 바닷가에서 먹는 라면의 맛이 이렇게 좋을 수가 있을까? 허둥지둥 라면으로 허기를 달래고 머지않아 고기가 올라오면 회도 떠서 먹고 매운탕도 끓여먹을 기대를 하면서 저녁 때까지 기다렸지만 잡은 고기라고는 겨우 미꾸라지같이 생긴 이름 모를 물고기 한 마리 잡은 것이 전부다.

태양은 저 먼 수평선으로 향해 점점 가고 있고 파도는 밤을 향해 쉼 없이 철썩이는데 낚시에 관한 글 중에 '악마들의 낚시대회' 라는 글이 문득 생각이 난다.

악마들이 모여서 인간 낚시대회를 열었다.

그 대회에서 1등을 차지한 악마의 바구니에서 무수히 많은 인간들이 쏟아져 나오자 다른 악마들이 놀란 눈으로 그에게 물었다.

"아니 도대체 어떤 미끼를 썼기에 인간을 이렇게 많이 낚을 수 있었소?"

"간단해요. '너는 이미 늦었어, 그러니 포기해라' 라는 미끼를 사용했다오"

"그렇게 효과가 좋은가요?"

"그럼요, 인간들은 전혀 늦지 않은 상황인데도 누군가 옆에서 늦었다고 하면 정말 그렇다고 믿어 버리지요"

악마들도 인간을 낚는데 어떤 미끼를 선택해야 하는지를 고민하는데 혹시 친구가 낚시 미끼를 잘못한 것이 아닌지 의심도 가지만 친구는 밤에도 같은 미끼를 가지고 낚시를 한다. 게다가 한 술 더 떠서 큰 고기는 밤에 걸린다면서 계속 쭈그리고 앉아 있다.

그 모습이 하도 딱해서 그만하고 민박집에 자러가자 해도 도무지 말을 듣지 않는다. 혼자 두고 가기도 그렇고 해서 나는 친구 옆에다 자리를 하고 누워봤다. 누워서 바라보는 밤하늘 별들이 유난히도 아름답고 깨끗하다.

도시에는 불빛 때문인지 공해 때문인지 그저 뿌옇기만 한데 여기서는 손을 뻗으면 닿을 것 같아 나지막하게 노래를 불러본다.

'저 별은 나의 별 저 별은 너의 별 별빛에 물든…….'

파도소리에 묻혀서 노래는 메아리도 울리지 않지만 창공을 바라보면서 조물주의 오묘한 섭리를 다시 생각해 보기도 한다.

얼마나 지났을까? 한참을 자고 일어났는데도 친구는 계속 낚싯대 옆에 앉아 있었다.

많이 잡았나 싶어 들여다보니 역시 한 마리도 잡지 못 했다.

잠도 자지 못하고 낚시를 하는 그에게 간신히 설득하여서 민박집으로 향했다.

고기를 잡아서 회도해 먹고 집에도 가져가오겠다던 친구도 이제는 기가 죽었는지 아무 말도 없이 어슬렁거리며 따라온다.

다음날 이른 아침부터 낚시하러 간다고 준비하는 친구는 오늘은 왠지 예감이 좋다면서 어제 그 자리에 또 앉아서 낚시를 드리웠지만 오후가 지나도록 역시 한 마리도 잡지 못

했다.

이제는 도저히 안 되겠다 싶어서 나는 친구에게 그만하고 집에 가자고 졸라보지만 조금만 더하고 가자고 한다.

남들은 방생도 하는데 우리는 고기를 잡았다가 전부 방생해 줬다고 생각하자고 다그치자 친구는 마지못해 짐을 정리하려고 하는데 갑자기 입질이 시작된다.

드디어 올 것이 왔나 보다 생각하며 기대와 설렘으로 당겨보는데 손맛이 느껴지지 않는다고 한다.

그래도 미련을 버리지 못하고 조심스레 당겨낸 낚싯바늘에는 쓰다가 버린 비닐 가방이 끌려 나오고 있었다.

피식 웃고 있는 나에게 화풀이를 한다.

"자네는 낚시하는데 다시는 따라오지 말게"

"낚시는 기다림이란 말이야! 기다림"

집에 돌아온 후에도 '기다림' 이란 친구의 말이 여운으로 남는다.

나는
바다가 그립다

지치고 힘든 어느 날
아무런 약속 없이 기차를 타고
바다에 가고 있다

빈 들녘 바람을 뒤로 넘기고
기차를 불러 세우는 간이역을 지나자
해질 무렵 파도가 철썩이는
넓은 바다가 다가선다

수평선으로 지고 있는 검붉은 노을의 향연
내 눈 속에 날고 있는 새들은 귀향을 서두르고

머뭇거리던 해가 지고 난 후
발목을 잡는 모래를
두 손으로 움켜잡으니
부스스 흘러내리는 고운 알갱이들

홀로 서 있는 어두운 저녁
밤이 깊을수록 파도소리만 점점 커져가는
바닷가에 와 있어도
나는 바다가 그립다

미술
전시회

고등학교 동창인 친구는 미술을 전공하였고 이제는 제법 이름 있는 화가로 전시회까지 열게 되었다.

친구의 초청으로 나는 전시관을 찾아가 보니 깨끗한 넓은 실내에는 음악이 잔잔하게 흐르고 여러 그림들을 밝은 불빛 아래 전시해 놓았다.

벽에 걸어놓은 추상화 그림들을 천천히 관람해본다.

하지만 내 눈만 그림을 바라볼 뿐 머릿속에는 뭐가 뭔지 혼돈스럽기만 했다.

'뭐야! 저런 것도 그림이라고 그렸나' 싶은 것도 있었지만 따져보면 내가 그림에 대해 문외한이기 때문이다.

피카소를 모르는 사람은 없을 것이다.

그도 처음에는 남들과 똑같이 사물을 있는 그대로 그렸는데 너무도 잘 그려서 상을 휩쓸었다고 한다.

그러던 그가 남들과 똑같은 그림이 아닌 '나만의 그림을 그리자' 고 생각하고 그린 그림이 '아비뇽의 처녀들' 이라고 한다.

그 그림을 살펴보면 코도 눈도 이상하게 붙어있고 몸체도 분해된 것 같은 괴상하게 그린 그림이 틀림없다.

미술을 전공한 그의 친구들은 이렇게 괴상한 그림을 화가로서 그릴 수 있느냐고 나무랐다고 한다.

미술을 전공하는 화가들도 그러했거늘 하물며 나 같은 사람이야 친구의 추상화를 이해할 리가 없지 않은가.

친구에게 칭찬을 해줘야 하는데 무슨 말을 해야 할지 생각이 떠오르지 않는다.

그래도 뭔가를 한마디 해야겠기에

"자네 그림은 볼수록 빨려 드는 것 같다"라는 덕담을 하기도 하고

"색채가 특색이 있어"라고 하기도 했다.

그림에 대해 모르는 줄도 모르고 친구는 부지런히 설명을

해주었지만 들어도 무슨 말인지 이해가 잘 안 된다.

그래도 고개는 연신 끄덕이면서 들어준다.

미술가의 친구로서 유명하기는 만종을 그린 '밀레'와 '루소'를 꼽을 수가 있다.

'밀레'가 무명의 화가로서 그림을 팔아 생계를 꾸려가야 함에도 그림을 아무도 사 주질 않았었다.

그럴 때 친구 '루소'가 그림을 팔아 주었는데 자기 주위에 있는 사람들이 '밀레'가 그린 그림이 좋다고 하면서 사 달라고 했다는 것이다.

나중에야 알게 되었지만 친구를 위하여 전부 자기가 사 주었던 것이다.

친구의 덕으로 생계를 꾸려갈 수가 있었고 또한 생활에 활력소도 되어 자신이 생긴 '밀레'는 당대의 최고 화가로 탄생하게 된 것이다.

그림 한 점을 사줘야 체면이 설 것 같아서 전시해 놓은 그림들의 값을 봤는데 엄청나게 비싼 섯 같다.

남의 예술작품을 돈으로 평가한다는 것이 좀 그렇기는 해도 주머니를 생각하지 않을 수가 없다.

좋은 그림을 선택하는 게 아니라 돈이 적당한 작품 하나를 선택하고 조금 할인해 달라고 말할까 하다가 첫 전시회하는 사람의 사기도 있고 또한 체면을 봐서 정가가 붙은 대로 샀다.

그림의 제목은 '욥기' 라고 하는데 자세히 들여다보면 깜깜한 방에 의자를 하나 갖다놓고 창문 틈 사이로 햇볕이 쫙 비취는 것이 전부다.

세계 최대 부호 중의 한 사람인 카네기의 사무실에 그림이 한 점 걸려있었는데, 유명한 화가의 그림도 아니고 그냥 보통 화가의 작품이라고 한다.

황량한 바닷가 모래밭에 보잘것없는 나룻배 한 척이 비스듬히 기울어진 채로 그려져 있고, 그 밑에는 화가의 설명이 적혀있었는데, 글이 마음에 와 닿아서 평생의 좌우명으로 삼고 귀하게 간직했다고 한다.

'반드시 밀물이 밀려오리라. 그날 나는 바다로 나아가리라'

친구에게 많은 돈을 주고 산 그림이기에 왠지 귀하게 느껴져서 사무실 한가운데 제일 좋은 자리에 걸었다.

그리고 그림이 걸려진 지가 수십 년이 지났건만 그림을 쳐다보고 감상 한 적은 거의 없었다.

무엇이든지 있어야 할 자리에 있으면 느낌이 별로 없지만 막상 그 자리에 없을 때는 아쉽고 허전함이 말할 수 없다.

그림이 없어졌다.

사무실을 새롭게 리모델링하다가 오래되기도 하고 어둡기도 하던 그림이라면서 없애버렸다는 것이다.

'얼마나 많은 돈을 주고 샀는데' 화를 내고 잔소리했으나 이미 없애버린 것은 어쩔 수가 없었다.

그림이 없어진 지금 가만히 생각해 보니 그 그림 값으로 증권을 샀더라면 30년이 지난 지금쯤 몇 배는 올랐으리라 생각도 해 봤다.

그보다도 친구가 그린 그림을 평소에 아끼고 감상해주지 못한 것이 더욱 후회가 된다.

아무리 좋은 작품이라도 알아주지 못한다면 돼지에게 진주를 던져준 것과 무엇이 다르겠는가.

작품을 몰라주고 값으로만 생각하는 못난 사람이 화가의 친구라는 것이 한편 부끄럽기도 하다.

자기만의 생각을 추상화로서 표현한 친구처럼, 나도 거추장스러운 굴레를 벗어버리고 나만의 인생을 살아보고 싶어진다.

파초

진달래꽃 필 때
내게로 다가서는 분홍빛 옷자락
눈을 떠도 눈을 감아도
기다려지는 그대 발자국 소리

그대 떠나간 그 길에
또다시 단풍이 물들면
당신의 빈자리에 달빛을 담고
하늘 향해 소리쳐 불러보아도
서러운 바람만 밤을 무너뜨리고 있다

그대, 부드러운 말씨나
애교가 많아서도 아니고
잘 생겼거나 성격이 좋아서도 아닌데

그때나 지금이나
짜릿하도록 그리워짐은

빈 가슴에
파초 같은 사랑을 심었고
나는 그 파초를 뽑을 수 없기 때문인 것이다

미련이 살아 숨 쉬는 그날까지

화랑
담배

'99세 미만 금연'

어느 공원에 적혀있는 금연구역 표지판이다.

이 정도면 그냥 '금연' 이라고 표지를 붙였을 때보다 훨씬 부드럽고 유머스러운 캠페인이 아니겠는가.

담배가 건강에 해롭다는 것을 예전에는 왜 몰랐을까?

한때는 식당은 물론 공공장소와 심지어 버스 안에서도 피웠다.

그때 담배를 피우지 못하는 사람들과 심지어 아이들과 간난아이들까지도 연기에 노출되어 간접흡연에 시달렸는데 지금 생각해보면 정말 끔찍한 일이 아닐 수 없다.

근래에 와서야 건강에 좋지 않다면서 담배의 유해 성분을 분석하여 표시하고 매스컴과 각종 광고 문구를 통해서 금연 홍보를 하여 흡연자들의 설자리가 점점 없어지는 현상으로 심지어 담뱃갑 표지에도 건강에 해로우니 금연을 하라는 구호들을 적어 넣는다.

60년대쯤에 군에 입대했던 사람들에게는 화랑 담배를 배급품으로 나누어 주었다.

필터도 없이 그냥 엽연초를 종이에 말아주는 담배를 주머니에 넣고 한참 훈련을 받다 보면 저절로 터질 때도 있고 땀에 젖어 그냥 풀어지는 경우도 있다.

처음에는 피지 않으려고 배급받은 담배를 옆에 전우들에게 주기도 했으나 고된 훈련 중 10분간의 휴식은 도저히 담배의 유혹을 뿌리칠 수 없는 시간이다.

오죽했으면 "담배 일발 장전! 발사!"라는 구호를 썼을까

휴식시간에 담배를 피우면 연기가 훈련장을 뒤덮는데 피우는 사람이나 피우지 않는 사람이나 담배연기 마시기는 똑같다.

'전우의 시체를 넘고 넘어 앞으로 앞으로/ 추풍령아 잘 있거라 우리는 전진한다/ 달빛 어린 고개에서 마지막 나누어 먹던/ 화랑 담배 연기 속에 사라진 전우야'

한국전쟁 때 불렀던 군가의 일부분이다.

생사를 오가는 전쟁터에서 화랑 담배는 그들의 유일한 기호품이었을 것이고, 화랑 담배 연기 속에 사라진 전우를 생각만 해도 가슴이 저려 오는 것을 느꼈을 것이다.

사회에 진출해서 사업을 할 때쯤 담배를 피우다가 부모님께 들켰다.

담배를 피우지 않는 줄 알았던 어머니께서 얼마나 많은 실망을 하시던지 잊을 수가 없다.

담배 피우는 것이 죄악의 구렁텅이에 빠져버렸다는 듯이 훈계도 했지만, 엎드려서 악에 빠진 아들 건져달라고 기도를 드리던 모습은 지금도 눈에 선하게 떠오른다.

담배를 끊으려고 몇 번이나 시도를 했는지 기억조차 나지 않는다.

'작심삼일' 이란 단어는 담배 끊는데 꼭 맞는 단어이다.

다시 피우지 않겠다고 다짐 또 다짐했건만 사업을 하다가 스트레스를 받을 때는 금방 잊어버리고 피우게 된다.

건강에 좋지 않지만 '스트레스를 받는 것보다 담배 피우는 것이 낫다.'

별별 핑계도 작용했지만 무엇보담 자기 스스로 피우는 것을 합리화 시켰던 것이다.

탈무드에 담배에 관한 이런 이야기가 나온다.

질문 – "목사님! 예배드리다가 담배 피워도 됩니까?"

대답 – "무슨 말씀을 그렇게 하세요! 절대로 안 됩니다"

질문 – "목사님! 담배 피우다가 예배드려도 됩니까?"

대답 – "되고말고요! 예배는 언제든지 드려도 됩니다."

우리 교회 목사님께 물어본다면 어떤 대답이 나올까?

질문 – "목사님! 신앙생활하면서 담배 피워도 됩니까?"

대답 – "결단하실 것은 결단하시고 끊을 것은 끊으십시오"

질문 – "목사님! 담배를 끊지 못하고 피우는데 신앙생활해도 됩니까?"

대답 – ???

군에서 피우기 시작한 담배를 끊는 데는 수없이 반복되는 좌절과 고통을 겪어야 했고, 소모한 시간과 열정을 무엇으로 보상받아야 한단 말인가.

잘못된 습관은 육신뿐만 아니라 영혼도 멍들게 하는 것이다.

삼강 나루터의 회상

가을 문학기행으로 여러 문우들과 함께 삼강나루터를 여행했다.

대구를 벗어나자 차창 밖으로 펼쳐지는 가을 풍경은 한 폭의 수채화처럼 펼쳐져 있다.

추수의 기쁨을 누리는 농부들의 모습도 보이고 잘 익은 감들이 나무에 붉게 매달려 익어가고 있는 들판을 지나다 보니 어느덧 목적지에 닿았다.

삼강 나루터는 경북 예천군 풍양면 삼강리에 있는 나루터로 강 세 곳이 모여서 하나의 강을 이룬다고 하여 즉, 낙동강을 지류로 하고 내성천과 금천이 합수하는 지점을 삼강이라 말한다.

교통수단이 좋지 않던 옛날에는 서울로 장사하러 가는 배들이 낙동강을 오르내릴 때 반드시 거쳐 가는 곳으로 배를 이용해서 이곳까지 물건들을 운반했다고 한다.

육지의 곡물들을 부산 쪽으로 운반하고 돌아올 때는 소금이며 해산물들을 싣고 와 여기서 장사를 했던 곳이다.

지금도 삼강주막으로 많이 알려진 곳이기도 한데 그때에도 주막이 있었고 일을 하다가 배가 고프면 시원한 막걸리 한 사발로 시름을 달래기도 했으리라.

이곳에서 얼마 멀지 않은 곳이 나의 고향이라서 잠시 옛 생각에 젖어본다.

어릴 적 부모님을 따라서 안계 장에 가보면 없는 것이 없다.

시골장이 서는 날이면 알록달록한 옷과 신발 왕 눈깔사탕 그리고 약장수들의 음악소리에 신기한 나는 이곳저곳을 둘러보느라고 정신이 없었다.

안계는 육지 깊숙한 곳이라 장이서면 농산물들이 주류를 이루고 특히 해산물들이 귀한 시절이라서 사람들은 해산물들이 더욱 신기하기도 하여 귀하게 여겨졌다.

해산물을 냉동해서 운반해야 싱싱함을 보존할 수가 있지만 냉동이란 것은 상상도 못하던 시절이라서 꽁치나 고등어는 소금에다 절여서 운반한 것 같다.

그래서 지금도 유명해진 것이 소금에 절인 안동 간고등어다.

아버지께서 장날이면 고등어 꽁치 새우젓 등 생선을 사오셨고, 특히 꽁치는 새끼줄 에 주렁주렁 꿰어서 오셨는데 창자가 터진 놈도 걸려있고 오랫동안 찌들어서 쭈글쭈글한 놈도 있었다.

그러한 생선들이 이곳을 통해서 왔으리라 생각해보니 감회가 새롭다.

어머니께서는 학교 갈 때 도시락 반찬으로 꽁치를 넣어주기도 하셨다.

옆에 아이들이 빼앗아 먹는다고 밥 밑에 감추어서 주시기도 하셨는데 도시락을 열고 밥을 먹다 보면 꽁치뿐 아니라 밥 전체가 간이 되어 있었다.

요즘 같으면 꽁치를 도시락 반찬으로 할 생각도 않았겠지만 그때에는 최고의 반찬이었다.

혼자 먹겠다고 돌아앉아 먹던 그때를 생각하니 피식 웃음이 나온다.

삼강 나루터에서 조금 올라가면 용궁에 회룡포가 있다.

회룡포는 내성천이 휘감아 돌아있는 육지의 섬이다.

강의 물줄기는 항상 약한 곳은 뚫고 지나가고 암벽이나 바위 등 강하게 부딪치는 곳은 휘감고 돌아가게 되는데 이것이 회룡포를 만든 것이다.

회룡포를 가로질러 중간쯤에 물길을 만들어주면 수십만 평의 토지가 생길 것 같다는 생각도 해봤다.

이 섬에 들어가려면 뿅뿅 다리를 건너야 한다.

외나무다리와 같게 만들었는데 철판에 구멍을 뿅뿅 뚫어서 상판으로 사용하고 있으므로 그 이름을 뿅뿅 다리라 부른다.

오래전 우리가 사용했던 외나무다리나 섶다리는 상판에 둥근 통나무를 걸치고 그 위에 잔디를 뒤집어 얹어놓기도 했고 짚을 엮어서 통나무 위에 깔고 다니기도 했었는데, 가을부터 겨울을 지나 장마에 떠내려갈 때까지 섶다리를 사용했었다.

외나무다리가 강물에 떠내려가고 없을 때는 배를 이용해서 다니기도 했고 물이 적을 때는 바지를 둥둥 걷어 올리고 건너기도 했었다.

내가 다니던 중학교는 마을 지나는 강을 건너야만 갈 수 있었다.

그때 선생님들은 공부를 못하면 회초리로 종아리를 때렸는데 특히 영어시간만 되면 나는 회초리 단골이고 종아리는 항상 회초리 자국이 있었다.

지금도 영어를 못하지만 다른 과목은 전부 좋아하는데 어학 쪽에는 접하기 싫었던 것 같다.

외나무다리가 있을 때나 배를 타고 다닐 때는 긴 바지를 입어서 회초리 자국이 보이지 않지만 옷을 걷어 올리고 물을 건너야 할 때는 어김없이 회초리 자국이 보인다.

뒤에 여학생이라도 따라오면 한참 머뭇거리다가 뒤따라서 건너기도 했고 어쩌다가 들키기라도 하는 날은 창피해서 견딜 수가 없었기에 비라도 많이 와서 배를 타고 건넜으면 좋겠다고 생각하기도 했고, 빨리 외나무다리를 놓아서 그 위로 다니기를 얼마나 고대했는지 모른다. 삼 학년 들면서 영어선생님이 다른 학교로 전근을 갔다.

선생님이 전근을 가신 후에는 회초리를 맞을 일이 없으니 외나무다리가 있어도 좋고 없어도 좋았다.

종아리를 드러내고 물을 건너도 좋고, 여학생이 따라와도 부끄럼이 없었다.

언제부턴가 나에게 소중했던 외나무다리나 섶다리는 볼 수가 없어졌고 그 자리에는 콘크리트로 만든 현대식 다리가 놓였을 뿐 그 모든 것이 아련한 추억으로 잠겨버렸다.

여기 있는 뽕뽕 다리는 비록 철판으로 만들었지만 맑은 물과 하얀 모래밭을 보노라니 그때의 외나무다리가 생각이 나고 뒤따라오던 여학생과 영어선생님도 생각난다.

두견화

그대는 나보다 먼저 숲을 찾아
나무의 속살 사이 가만히 숨어
이른 봄으로 피어난다

그대는 나보다 먼저 숲을 찾아
너를 기억하는 햇살과 새들을 불러 모아
낯선 바람의 밀어를 들어 본다

그대는 나보다 먼저 숲을 찾아
외로운 듯 다투는 듯 곱게 피어나
분홍빛 꽃향기 취하여

나지막이 살랑이는 바람도 잠든다

너를 만나러 숲으로 간다
발끝에 떨어지는 분홍 꽃잎
나도 모르는 사이에
언제 왔던가

개미와
나

지난여름에 혼자서 가까운 팔공산으로 등산을 갔다.

대구 근교에 있는 가까운 산이기에 가벼운 마음으로 혼자서 산행을 즐기기도 한다.

조그마한 배낭 속에는 김밥과 닭튀김 한 조각과 물 한 병을 배낭에 넣고 산에 오르는데, 날씨가 덥기도 하지만 힘이 들었던지 옷이 땀에 흠뻑 젖었다.

이왕에 시작한 거 꼭대기까지 올라가기로 작정하고 온 힘을 다해 올라갔다.

땀이 많이 나서 수건으로 닦아도 금방 또 땀이 나기 때문에 그냥 흘려버리는 것이 오히려 편하여 버려둔 채로 정상까지 올라갔다.

정상에 올라서는 사방을 둘러보며 감상할 겨를도 없이 앉아서 고개를 숙이고 땀을 흘리는데 땀방울이 양 눈썹에서 떨어지고, 코끝과 턱에서도 떨어지는데, 그 떨어지는 땀방울이 나의 얼굴 모양과 비슷하다.

그렇게 고개를 숙여서 한참 땀을 흘리고 있는데, 조금 굵은 개미 한 마리가 땀방울이 떨어진 근처를 맴돌면서 땀에 촉수를 대어 보기도 하고, 주위를 돌다가 또다시 그 자리로 왔다.

그 모습에 더욱더 호기심이 생겨서 한참이나 살펴봤는데 저쪽 편으로 가는 듯하다가 다시 이리로 오고, 여기 있겠구나 싶었는데 다시 저쪽 편으로 가면서 다람쥐 쳇바퀴 돈다는 말을 생각나게 하였다.

개미가 가만히 있지 않고 왜 자꾸 왔다 갔다 할까를 생각해봤다.

돌아다니는 근성이 있는 곤충일까? 아니면 운동을 하려고 돌아다닐까? 아닐 거야, 먹이를 찾아다니겠지.

여러 가지를 생각하다가 나는 개미가 먹을 것을 찾아 헤매고 다닌다는 것으로 결론을 내렸다.

굶어 죽은 개미를 보진 못했지만, 아무리 다녀도 먹을 것을 얻지 못한다면 점점 힘이 떨어질 테고 먹이를 찾을 때까지 한참을 고생하리라 생각하니 측은한 마음이 들어서 나는 큰마음 먹고 닭다리 한 개를 개미에게 던져주었다.

조금 피해서 달아나는가 싶더니 금방 돌아와서 닭고기를 먹기 시작했다.

저렇듯 조그마한 개미가 오늘부터 혼자 먹는다면 약 한 달 이상은 먹을 양식이 되리라고 생각된다.

고개를 들고 저 멀리 대구 시내를 바라보았다.

선명하진 않아도 뿌연 아파트 모양이 눈에 들어온다.

한참 쉬다가 일어서서 조금 내려오는데, 비둘기가 짐승에게 잡아먹혔던지 깃털과 함께 죽은 자욱이 남아 있었다.

찌꺼기를 먹기 위해 수많은 개미들이 우글거린다.

그놈들도 한참은 거기서 먹을 것이 해결되었으리라 생각이 된다.

개미에게 비교하면 나는 너무나도 위대한 존재라는 생각이 든다.

빙빙 돌아다니는 개미에게 먹이를 던져줘서 살아가게 할 수도 있고, 개미를 집어서 비둘기가 죽은 자국이 있는 곳에다 놓아 줄 수도 있다.

개미의 눈으로서는 10m 앞에 있는 좋은 먹이를 찾지 못하고 그냥 빙빙 돌아다니기만 하겠지.

그렇다면 개미에게 나는 너무나도 위대한 존재는 아닐까?

하지만 나 역시 나약한 인간이기에 또한 신 앞에서는 한낱 미물의 존재인 것이다.

하루 앞을 알 수 없을 뿐 아니라 한치 앞을 내다볼 수 없기에 어쩌면 개미와 내가 다를 바 없다는 생각이 든다.

그렇기에 우리는 신에게 의지할 수밖에 없고 또한 그분에게 바라는 바를 간구하게 되는 것이다.

공사 입찰에는 실력이 월등히 좋아서 낙찰되는 경우도 있지만 요행으로 낙찰되는 경우가 대부분이다.

그래서인지 정초가 되면 해맞이 행사에 빠지지 않고 참석해서 행운을 빌기도 하고, 갓바위를 찾아가는 사람도 있고, 절에 가서 또는 교회에 가서 기도하는 사람도 있지만 나는 하나님께 기도를 드렸다.

"나를 도우시는 하나님! 이때까지 기도드릴 때마다 다 들어주셨습니다. 우리 회사에 더욱 많은 일거리를 주시옵소서."

그렇게 간구하였던 결과 대구 근처의 공사는 물론이고, 멀리 떨어져 있는 광주까지 가서 몇 년씩이나 공사를 하기도 했고, 전라북도에 있는 새만금 간척 사업 공사에도 참여했었다.

가까운 곳이나 먼 곳이나 어디든지 인도해주시는 그곳에 감사하며 갔었던 것이다.

먹이를 던져 주시던지, 아니면 먹이 있는 곳까지 인도하여 주시던지, 공중에 나는 새에게도 먹이를 주시고 들에 핀 백합화도 아름다움을 주시는 하나님께서, 우리들에게 일용할 양식을 주심은 물론이고 오늘도 내일도 나를 향해서 무엇이 필요한지 두루 살펴주시고 계심을 나는 굳게 믿고 살아가고 있다.

나의 기도

기도는 첫째가 하나님을 찬양하며 감사하는 것이고 둘째는 하나님께 무엇을 바라고 간구하는 것이다.

할머니가 받아들인 신앙은 아버지를 거쳐 내가 3대째 예수를 믿는 가정이었기에 어릴 때부터 부모님들의 기도를 들으면서 자라났다.

어머니의 기도는 짧고 간결한 편인데 아버지의 기도는 엄청나게 길다.

'사랑이 많으신 하나님! 오늘도 은혜 가운데 잘 시내게 해 주심을 감사합니다. 바라옵건대 멀리 떨어져 있는 집안 형제들을 기억하시어……'

감사 기도는 간단히 끝내고 간구의 기도로 들어가는데 어제도 오늘도 비슷한 내용으로 만주에 가서 살고 있는 큰집부터, 동촌에 사는 여섯째 집 아이들까지 전부다 이름을 불러가면서 잘 되게 해달라고 기도하신다.

때로는 순서대로 한참을 기도해 내려오시다가 아무 말이 없을 때는 살짝 주무시는 모양이다.

그럴 때 큰기침이라도 하면 어디까지 기도하신지 몰라서 처음부터 다시 시작하시는데 지루한 것을 억지로 참고 있던 꼬마 동생은 아까 했던 것을 또 한다면서 엉엉 울기도 했다.

마지막은 우리 형제들을 위해서 기도하시는데 '남에게 꿔줄지언정 꾸러 다니지 않게 해 주십시오' 라던가 혹은 우리들이 가난하게 살지 않게 해달라고 간구를 하고 끝이 난다.

유년기에 내가 했던 기도는 지금 생각이 잘 떠오르지는 않지만 별다른 특징 없이 하루하루 일상에서 일어나는 자잘한 어려움을 해결해 달라고 기도했을 것이다.

예를 들면 거짓말을 했다던가, 친구들이랑 싸우거나 형제간의 갈등으로 빚어진 일들에 용서를 구하면서 기도 한 것 같다. 지금 돌이켜 보면 참으로 순수하고 귀여운 기도인 것 같아 웃음이 나온다.

청년 때와 장년 시절에 했던 기도는 '해 주십시오' 로 일관된다.

주님! 공사현장에 아무런 사고 없게 해 주시고 하는 일 마다 잘 되어서 돈도 많이 벌게 해 주시옵소서. 일용할 양식을 주시는 주님! 공사가 전부다 끝나갑니다. 새로운 일거리도 허락하여 주시옵소서. 조금 있으면 아들이 수능시험 치를 텐데 시험 잘 치게 해 주시고 공부 잘 해서 훌륭한 사람 되게 해주시옵소서.

학교생활도 잘하고 좋은 친구도 많이 사귀게 해 주시옵소서.

집사람 감기 걸렸는데 빨리 낫게 해 주시고, 저도 배탈이 났는지……

한번 기도를 드릴 때마다 서른 가지 정도로 '주십시오' 를 하게 되는데 기도를 해놓고 보면 한꺼번에 너무 많이 간구한 것 같기도 하다.

이렇게 많은 것을 요구했는데 정말 다 들어주실까? 라는 생각이 들기도 한다.

담장을 넘어 남을 위한 기도는 거의 없고 그저 내 앞에 닥친 어려움과 경제적으로 부유하게 해달라는 이기적인 내용으로 일관된다.

다음날에는 방향을 달리하려고 해도 또 내용이 비슷한 기도를 하게 된다.

환갑을 전후한 때는 기도 내용이 약간 달라졌다.

주님! 국가와 지역사회 경제가 여러 가지로 어려움에 처해 있습니다.

많은 사람들이 고통을 당하고 있는데 그들을 기억하시고 하루빨리 경제가 회복될 수 있도록 지도자들에게 지혜를 더하여 주시옵소서.

우리 교회도 빛과 소금의 역할을 잘 감당해서 지역사회에 칭송받는 교회가 되게 하시어 하나님의 영광 드러낼 수 있게 해주시옵소서.

북한에 있는 우리 동포들에게도 은혜를 베푸시어 그들도 우리와 같은 자유를 누릴 수 있게 도와주시고 경제적으로도 어려움 벗어나게 도와주시옵소서.

고희를 넘긴 지금 기도 내용은 감사로 이루어진다.

하나님 감사합니다.

이른 새벽에 건강하게 일어날 수 있게 해주셔서 감사드립니다.

오늘 하루를 저희들에게 주심을 감사드리옵고 햇빛을 주심도, 맑은 공기를 주심도, 일용할 양식을 주심도 감사드립니다. 어느 것 하나 감사하지 않는 것이 없나이다.

바라옵건대 저희들에게서 감사의 기도가 끊어지지 않게 해주시옵소서.

그렇다.

기도 내용대로 어느 것 하나 감사하지 않고 귀하지 않는 것이 없다.

나의 기도도 들어주셨지만 아버지 어머니께서 기도하신 '꿔 줄지언정 꾸지 않는 삶' 그리고 했던 말을 또 하셨던 그 기도 덕으로 잘 지내왔음을 이제야 알게 되었다.

조용히 눈을 감고 다시 기도드려본다.

'야곱의 기도를 들어 주셨던 것처럼 저의 기도를 들어주셔서 진심으로 감사드립니다. 나의 삶이 끝나는 날까지 주님을 찬양하며 감사의 기도를 드리겠나이다.'

오늘도 또 소중한 하루를 우리에게 주셨는데 무의미하게 보내지 않고 뭣인가 보람된 일을 하고 싶다.

그러나 무엇을 어떻게 해야 더욱더 보람된 삶이 되는지 생각이 잘 떠오르지 않는다.

좋은 생각이 떠올라서 나도 기쁘고 남에게도 기쁨을 줄 수 있는 보람된 삶이 되게 해 달라고 또 다시 기도드려야겠다.

가을의 참회

하나님!
가을의 창에 서서 비친 나의 모습을 뒤돌아보니
한없이 부끄럽고 두려운 마음으로 참회 기도를 드립니다

내가 배부르기에
굶주린 자를 모른 척했고
내가 건강하기에
병들고 약한 자를 잊어버렸습니다

도움을 주기보다는
도움을 받길 원했고

남을 인정해 주기보다
인정받기를 원했습니다

잘못된 일에는
내 탓이 아닌 세상 탓으로 돌렸고
남의 눈에 티끌은 보면서
내 눈에 있는 들보는 보지 못 하였나이다

사랑하기보다는
사랑을 받길 원했고
나 하나 편하기 위해서
다른 사람의 슬픔을 눈 감아 버렸습니다

남을 비판하는 것에는 빠르고
나 자신 참회하는 것에는 이다지도 더디었던
위선으로 가득한 죄인을 불쌍히 여기사 용서하여 주시옵소서

오상두 시와 산문집

아름다운 후회

2015년 10월 30일 처음 펴냄

지은이 | 오 상 두
발행인 | 나 문 석
디자인 | 장 상 호
교 정 | 김 옥 경
인 쇄 | 장 영 도
일러스트 | 정여림

펴 낸 곳 | 도서출판 두엄
출판등록 | 제03-01-503호
주 소 | 대구광역시 중구 명륜로12길 21
전 화 | (053) 423-2214
이 메 일 | dueum@hanmail.net

ISBN 978-89-85645-57-7(03810)
이 도서의 국립중앙도서관 출판예정도서목록(CIP)은 서지정보유통지원시스템 홈페이지(http://seoji.nl.go.kr)와 국가자료공동목록시스템(http://www.nl.go.kr/kolisnet)에서 이용하실 수 있습니다.(CIP제어번호: CIP2015027806)